Reinaldo Domingos

Livre-se das DÍVIDAS

COMO EQUILIBRAR AS CONTAS
E SAIR DA INADIMPLÊNCIA

Copyright © 2011 by Reinaldo Domingos

Direção editorial: Simone Paulino
Projeto gráfico: Rodrigo Rodrigues
Ilustrações: Ariel Fajtlowicz
Editoração eletrônica: Denise Patti Vitiello
Produção editorial: Renata de Sá
Revisão: Assertiva Produções Editoriais

Todos os direitos desta edição são reservados à
DSOP Educação Financeira.
Av. Paulista, 726 – cj. 1210 – Bela Vista
CEP 01310-910 – São Paulo – SP
Tel.: 11 3177-7800 I Fax: 11 3177-7803
www.dsop.com.br

Dados Internacionais de Catalogação na Publicação (CIP)
(Câmara Brasileira do Livro, SP, Brasil)

Domingos, Reinaldo
   Livre-se das dívidas : como equilibrar as contas e sair da inadimplência / Reinaldo Domingos. -- São Paulo : DSOP Educação Financeira, 2011.

ISBN 978-85-63680-17-4

1. Dívidas 2. Finanças pessoais I. Título.

11-04078   CDD-332.02402

Índices para catálogo sistemático:
1. Dívidas : Problemas financeiros pessoais : Economia financeira   332.02402

Dedico este livro a todas as pessoas que, direta ou indiretamente, passaram por minha vida e me ensinaram que é possível ajudar, mesmo quando não sabemos tudo.

Reinaldo Domingos

Agradecimentos

Agradeço a Deus por me dar forças para contribuir com cada pessoa e cada família que passou por minha vida quando atravessava momentos de dificuldade financeira.

Mais do que mostrar o caminho da educação financeira, é preciso confiar, é preciso acreditar, é preciso resgatar a humildade de reconhecer os próprios erros e saber que sempre é possível começar de novo.

Agradeço também a Simone Paulino, minha diretora editorial, por me auxiliar em mais esta obra.

Sumário

INTRODUÇÃO

Os dois lados da moeda do endividamento 10

1. Dívidas de valor

O sonho da casa própria 20
Levar um e pagar três é um bom negócio? 22
A importância de projetar os custos indiretos 25
O perigo de idealizar o imóvel novo 26
Reserva estratégica 28
Já fiz uma dívida da casa própria acima das minhas possibilidades e estou com problemas para pagar
O que fazer? 29
Diagnosticar antes de agir é o primeiro passo 31
Medidas drásticas para situações extremas 33
O sonho do automóvel 37
O custo real de um carro 38
Sonho de consumo ou desejo de *status*? 40
A aquisição do meu carro já virou um problema financeiro. Qual a melhor saída? 42
Quando devolver o carro é a melhor solução 43

2. Dívidas sem valor

Compras por impulso 48
Compro, logo existo? 49
Não sei mais viver sem ter algum parcelamento a perder de vista no carnê. Ainda tenho solução? 50

A ilusão do crédito fácil	52
Os desdobramentos da compra	54
Cuidados essenciais com o cartão de crédito	56
Estabelecer e respeitar seus limites	57
O que é melhor para manter o equilíbrio? Usar o "dinheiro vivo" ou o "dinheiro eletrônico"?	60
O que é possível fazer para não entrar na areia movediça da parcela mínima do cartão?	63
O risco dos múltiplos cartões	65
Já estou endividado porque não paguei as compras nos cartões de crédito em dia. E agora?	68
A diferença entre essencial e supérfluo	71
Cheque especial ou dívida especial?	73
O uso moderado do cartão de débito	78
A leitura correta do extrato bancário	79
Já incorporei o limite do cheque especial ao meu salário e não consigo me livrar dessa armadilha. O que fazer?	82

3. Quebrando o ciclo

Combate direto à causa	88
O tamanho do problema	90
Pensar primeiro, agir depois	92
Juros e valor principal	93
Poupar para pagar	94
A saída pelo crédito consignado	95

A portabilidade de crédito pode ajudar a diminuir a dívida?   98
O *iceberg* do endividamento   100
Os 10 mandamentos para quem não quer se endividar nunca mais   102
Ciclo do endividamento   103

Conclusão   104

Introdução

Os dois lados da moeda do endividamento

A sabedoria popular sintetiza em uma frase simples e de grande alcance um dos pontos de partida deste livro. Diz o ditado: "Não adianta remar contra a maré".

Também em relação à educação financeira não adianta remar contra a maré, que, em nosso caso, é a cultura dos financiamentos de curto, médio, longo e longuíssimo prazo à qual os brasileiros estão acostumados. Ou seja, a cultura do endividamento.

Financiar os bens que deseja comprar é, muitas vezes, o atalho pelo qual a maioria das pessoas busca realizar seus sonhos materiais. Não há como negar a legitimidade dessa escolha ou impedir que alguém faça essa opção na vida.

O que resta a fazer, então, em termos de reeducação financeira, num mundo em que a maioria aprendeu a viver com dívidas e sente uma espécie de "vazio" se não tiver algo para pagar em suaves ou pesadas prestações?

A perspectiva a ser desenvolvida neste livro é a de mostrar que é possível viver melhor financeiramente, mesmo com dívidas, e que qualquer pessoa pode encontrar o equilíbrio financeiro, ainda que tenha se comprometido com alguns financiamentos, desde que respeite parâmetros básicos e treine sua visão para enxergar o comportamento em relação às dívidas de forma mais clara e objetiva.

Pode parecer contraditório. Afinal, parte-se do princípio de que quem tem equilíbrio financeiro não possui, ou não deveria possuir, dívidas. Mas isso, como tantas outras coisas na vida, é relativo. Porque uma coisa é ter dívidas; outra coisa é não ter como pagar as dívidas que se tem, o que chamamos de inadimplência.

Um financiamento não é, em si, um problema. Comprar um apartamento financiado não é um problema. Parcelar a aquisição do carro não é um problema. Tampouco financiar o computador sonhado é um problema.

O problema – este, sim, gravíssimo – ocorre quando o financiamento, que deveria ser um atalho para a realização de um sonho, não cabe no orçamento e vira um terrível pesadelo, tirando das pessoas a paz, o sono, a saúde, a alegria de viver e, muitas vezes, o próprio sonho que elas tentaram realizar.

Quantas pessoas você conhece que tiveram de entregar o apartamento comprado porque não conseguiram pagar? Quantas pessoas não tiveram meios para arcar com os compromissos assumidos na compra dos milhões de automóveis zero-quilômetro adquiridos em até 60 prestações, sem entrada, no Brasil, e precisaram devolver o carro para a instituição financeira?

Isso, sim, é um grande problema! E é aqui que refletiremos juntos, buscando soluções, procurando reeducar o olhar para as nossas escolhas, em termos de finanças, e quebrar o ciclo vicioso do endividamento descontrolado.

Estar endividado já é uma realidade para a maior parte da população do Brasil. Estimativas indicam que o endividamento atinge mais de 80 milhões de brasileiros, e, com o crescimento econômico esperado para os próximos anos, o nível de endividamento tende a aumentar.

INTRODUÇÃO

A perspectiva é de que só para resolver o déficit de habitação no país alguns trilhões de reais serão disponibilizados à população, em forma de financiamento imobiliário. A combinação de mais emprego e renda também significará maior poder aquisitivo para uma parcela crescente da população. O lado bom é que, com mais dinheiro disponível, mais pessoas poderão realizar seus sonhos. Porém, não se pode esquecer o outro lado da moeda.

Se o país já tem milhões de pessoas endividadas, cujos rendimentos estão comprometidos em diversos sistemas de financiamento, nos próximos cinco ou dez anos o volume de indivíduos nessa situação só deverá aumentar.

O resultado mais imediato e negativo dessa perspectiva é que mais pessoas terão pouca ou nenhuma margem de segurança financeira para enfrentar eventuais adversidades enquanto estiverem presas às dívidas.

Quem compromete seus rendimentos por prazos muito longos se torna refém dos imprevistos e das oscilações econômicas. Daí a urgência de estabelecer um controle e um acompanhamento financeiro eficazes, inclusive para fazer a dívida, evitando que o sonho se transforme em pesadelo.

A questão é que o brasileiro não aprendeu a se organizar financeiramente, a poupar antes de comprar. Isso o torna "presa fácil" das facilidades do crédito, do qual geralmente lança mão, sem ter muito claro as consequências dessa escolha. Assim, aquilo que num primeiro momento pode parecer a melhor solução do mundo para a falta de dinheiro no bolso vira uma bola de neve com alto poder de destruição.

O problema não se restringe ao Brasil. No mundo todo, as economias em desequilíbrio refletem o despreparo de cada um, individualmente, para gerir com responsabilidade e equilíbrio suas finanças pessoais, criando riqueza para si e para os outros.

Naturalmente, o endividamento tem uma relação direta com as bases do consumo inconsciente e com a já gasta concepção de que, em nosso tempo, é mais importante ter do que ser. De tal forma que todo mundo precisa do tênis da moda, do celular mais moderno, da TV com mil recursos, do carro mais potente, da casa mais confortável etc. para se afirmar como ser humano.

Na busca por essa inserção, há quem se endivide até o pescoço para conseguir de alguma forma estar por dentro da sociedade de consumo. É claro que não dá para ir totalmente contra algo já plenamente estabelecido como o modo de vida da maioria. Mas podemos e devemos conscientizar as pessoas das implicações desse tipo de comportamento em relação ao dinheiro, bem como de seus reflexos no presente e no futuro.

No auge da crise econômica nos Estados Unidos, os norte-americanos endividados desesperavam-se e diziam estar perdendo tudo o que tinham. Mas, na verdade, muitos deles nunca tiveram coisa alguma!

Viviam (e ainda vivem) enredados numa "teia de aranha" de financiamentos de todos os tipos: hipotecas de 30 anos da casa própria, carros financiados em dezenas de parcelas, aparelhos eletrônicos de última geração comprados em cartões de crédito que não foram quitados no vencimento.

Era como se vivessem e trabalhassem apenas para pagar uma espécie de taxa de usufruto dos bens, um aluguel eterno, sem nunca serem donos de verdade de coisa alguma e com uma forte sensação de insegurança quanto ao futuro.

Veio a crise e, com ela, o desemprego. Muitos, sem ter como pagar as parcelas mensais desses bens, perderam tudo. Houve quem passou a morar em barracas ou dentro dos carros, sem ter como continuar pagando a hipoteca de sua casa.

INTRODUÇÃO

Tarde demais, deram-se conta de que viviam numa bolha financeira, numa espécie de mundo de ilusão. A crise e o desemprego estouraram a bolha e, de repente, os norte-americanos se viram completamente desprotegidos, porque tinham pouca ou nenhuma sustentação financeira para enfrentar os momentos de dificuldade.

Isso tudo, como já foi dito, resultou de décadas de consumo inconsciente. E o que é o consumo inconsciente? Nada mais que o hábito – ou vício – em alguns casos, de comprar sem pensar, a qualquer preço, de qualquer jeito, sem refletir sobre o impacto daquela aquisição no equilíbrio financeiro individual, familiar e social.

O que vem acontecendo em nosso planeta, em termos de alteração climática, resulta de um processo semelhante: o consumo inconsciente dos recursos naturais. Nada mais, nada menos do que o hábito, ou vício, de usar os recursos naturais não renováveis sem pensar, de qualquer jeito, em nome do progresso.

A questão financeira que se impõe, portanto, é tão grave quanto a preservação do planeta!

Não há escapatória: precisamos pensar, com consciência, em como preservar a nossa capacidade de nos sustentar ao longo da vida, cuja expectativa é cada vez mais alta – já estimada em aproximadamente 80 anos no Brasil.

Como viver até os 80, 90, 100 anos com sustentabilidade financeira, ou seja, com dignidade, sem depender dos outros ou do governo? Até porque os próprios governos estão endividados e, cedo ou tarde, podem não ter como pagar suas contas – entre elas a Previdência Social, que hoje sustenta (de forma bastante precária) milhões de pessoas em todo o mundo.

E mais: precisamos refletir sobre a herança que deixaremos

para as gerações futuras. Não necessariamente em termos de patrimônio financeiro, mas de consciência financeira.

É importante deixarmos florestas preservadas e conservá--las, para que as pessoas possam continuar respirando nos próximos séculos e milênios? Sem dúvida! Mas é importante também deixarmos bons hábitos financeiros preservados e conservá-los, para que, a partir deles, possamos criar um futuro de prosperidade.

Entretanto, em uma sociedade que nos ensinou a viver enforcados por dívidas, como podemos garantir a sustentabilidade da nossa existência financeira? Uma das respostas é: endividando-nos com responsabilidade. Isso mesmo! Neste livro, vou demonstrar que até para fazer uma dívida é preciso ter responsabilidade.

Do contrário, o preço a pagar pode ser alto demais, porque o endividamento inconsciente é capaz de destruir uma vida!

Basta pensar nas noites de sono perdidas com a preocupação de não poder pagar a conta que está por vencer, nos desentendimentos entre casais por causa da falta de dinheiro (não raramente podendo levar a separações), no exemplo negativo de irresponsabilidade que se deixa para os filhos quando não se consegue ter uma vida financeira em equilíbrio.

Sem contar os casos mais graves, quando o endividamento fere de tal forma a autoestima da pessoa que ela, ao não dar conta de suas atribuições financeiras, entra em um estado de abatimento profundo, que pode evoluir para uma grave depressão ou jogá-la numa roda-viva de estresse, levando até mesmo a um enfarto precoce ou coisa pior.

Em quase 100% dos casos, as pessoas passam por esse tipo de situação-limite porque se endividaram além da conta, além da sua verdadeira capacidade de pagamento, e sem refletir sobre o valor real da dívida que estavam assumindo.

INTRODUÇÃO

Com isso, tornaram-se escravas do trabalho ou de suas empresas, precisando ganhar cada vez mais, não para realizar seus sonhos ou para ter tranquilidade no futuro, como seria desejável, mas para pagar a conta do comportamento inconsequente que tiveram em relação ao dinheiro.

Ou, então, foram transformadas em escravas das instituições financeiras, nas quais acabam deixando quase todo o dinheiro que ganham, em forma de juros e taxas que inviabilizam seu padrão de vida, sua sustentabilidade e independência financeira.

E o mais cruel de tudo é que, enquanto estiverem comprometidas com esse passado impensado, estarão praticamente impedidas de crescer e de sonhar com novos horizontes no futuro. Porque, para crescer financeiramente, é preciso ter reservas, poupar, administrar bem o dinheiro, a fim de aproveitar aquelas oportunidades que parecem surgir apenas para quem está pronto.

Ciente da importância do equilíbrio financeiro para o desenvolvimento pessoal e coletivo, o Governo Federal assinou, em 22 de dezembro de 2010, o Decreto 7.937, que instituiu a ENEF – Estratégia Nacional de Educação Financeira. Trata-se de uma iniciativa providencial, que tem entre seus objetivos os de contribuir para o consumo mais responsável da população, assegurar a conscientização dos brasileiros quanto aos riscos assumidos nos processos de endividamento e reforçar a estabilidade e a confiança no Sistema Financeiro Nacional.

Por isso, o objetivo deste livro é ajudar você a reconstruir as bases da sua vida financeira, atacando especificamente o seu principal adversário: o endividamento inconsciente.

Você verá que ter dívidas pode não ser a pior coisa do mundo, mas que saber administrar bem as dívidas que se tem é fundamental para tornar a existência financeira muito mais leve do que costuma ser para a maioria das pessoas. O fato é que quem tem prestações tem dívidas; quem tem dívidas paga juros e, certamente, realizará menos sonhos em sua vida.

Todo ser humano busca a felicidade, porém de maneiras muito diversas. Sempre haverá quem diga que dinheiro não traz felicidade. Mas, para muitas pessoas, ser feliz é poder deitar a cabeça no travesseiro à noite e dormir em paz, sabendo que seus compromissos foram cumpridos e tendo a esperança de que dias melhores virão. E isso só é possível para dois tipos de pessoas: aquelas que não têm dívidas e aquelas que têm dívidas de valor e estão em dia com elas. Só essas pessoas poderão dizer de verdade que dormem tranquilas, sonhando com um futuro mais próspero.

Por isso, mesmo que você esteja completamente endividado, neste livro encontrará o caminho para se livrar das dívidas que não agregam nenhum valor à sua vida, aprendendo a conviver com as dívidas de valor – aquelas que você contraiu porque queria crescer materialmente, ampliar seu patrimônio e construir seu espaço no mundo. Essas, sim, merecem seu respeito, sua atenção e seu empenho, para que estejam sempre em dia.

Você verá também que, ao aprender o que agrega e o que não agrega valor à sua qualidade de vida, será possível até mesmo poupar e, com isso alimentar sonhos ainda maiores, começando a construir hoje o futuro que você sonha ter amanhã.

DÍVIDAS DE VALOR

O sonho da casa própria

Estabelecer o que tem valor verdadeiro ou não é uma tarefa difícil, já que o valor é algo muito subjetivo e pode variar de pessoa para pessoa, de cultura para cultura e de um período histórico para outro.

Mas, para efeito de compreensão dos mecanismos do endividamento financeiro na nossa cultura, podemos nos basear na percepção, confirmada em várias pesquisas, de que o brasileiro dá um valor muito grande a dois itens principais: casa própria e automóvel.

Esses são, de modo geral, os principais sonhos de consumo da população, e não há como negar que cada um deles agrega realmente algum tipo de valor à qualidade de vida.

Ter uma casa digna, por exemplo, é fundamental para que as pessoas se sintam abrigadas, protegidas e respeitadas como seres humanos. Trata-se de uma questão de cidadania. Ter um automóvel é outro sonho justificável, sobretudo para quem vive nas grandes cidades brasileiras, cujo tamanho, associado ao insuficiente sistema de transporte coletivo, ainda faz do carro um item importante no dia a dia.

Partiremos do princípio, portanto, de que fazer dívida para comprar uma casa ou um carro pode ser entendido como um endividamento de valor em nossa cultura. Mas vejamos as principais questões envolvidas nesses endividamentos.

É muito comum as pessoas, até mesmo aquelas que já atingiram uma idade avançada, dizerem: "Meu maior sonho na vida é comprar uma casa própria". Excelente! Esse é mesmo um belo sonho, mas não basta realizar o sonho de *comprar* a casa própria. É preciso alcançar o sonho maior, que é *pagar* a casa própria! E para isso é necessário ter consciência e respeitar o meio que levará à plena realização desse sonho: o dinheiro.

O mesmo acontece com os recém-casados, que atualizam, dia a dia, o velho bordão de que "Quem casa quer casa". De fato, casar e ter uma casa são marcos, ritos de passagem para a vida adulta.

Quando, depois de casado, você sai da casa dos pais para a sua "casa própria", em companhia do seu marido ou esposa, está entrando no mundo adulto das finanças compartilhadas, e isso faz parte do movimento natural da vida.

Com as mudanças socioculturais das últimas décadas, outra situação comum é a de jovens bem-sucedidos em suas carreiras optarem por comprar seus apartamentos e saírem da casa dos pais antes mesmo de casar.

Ou pessoas separadas que, após pagar, em geral com sacrifício, o primeiro imóvel (o qual quase sempre acabam deixando para os filhos), se veem de novo diante do desafio de adquirir uma casa.

Além daquelas pessoas que, por livre e espontânea vontade, decidiram não se casar, mas nem por isso deixaram de lado o sonho de ter uma casa própria.

Ou seja: todo mundo quer ter uma casa, qualquer que seja sua fase ou estilo de vida. Trata-se de um bem cujo valor é inegável.

Se tivéssemos o hábito de guardar dinheiro para os sonhos de curto, médio e longo prazo, certamente seria possível comprar uma casa própria em até 1/3 do tempo que demora para tê-la por meio do financiamento.

Mas, para isso, para adquirir esse bem, o caminho mais rápido encontrado pela maioria das pessoas foi e continua sendo financiar o imóvel. No Brasil, esse tipo de financiamento pode ser feito em até 30 anos. Em princípio, isso poderia parecer simplesmente maravilhoso, porque democratizaria o acesso à casa própria – isso se o sistema não acabasse, muitas vezes, sendo prejudicial para quem não tem consciência das responsabilidades implicadas no financiamento.

Em muitos casos, o raciocínio de quem se lança em um financiamento imobiliário é o de que vale mais a pena pagar prestações durante 10, 20 ou 30 anos e, no final, poder dizer "a casa é minha" do que pagar aluguel por 10, 20 ou 30 anos, sem jamais ser dono da casa onde mora.

Em outras palavras, poderíamos dizer que, por esse ângulo, o financiamento da casa própria funcionaria como uma espécie de aluguel, com possibilidade de compra no final, não deixando de ser, como tal, uma opção inteligente. Até porque quem conseguir manter um bom equilíbrio e controle financeiro poderá diminuir o tempo de financiamento, pagando antecipadamente as parcelas. Com isso, será possível um melhor aproveitamento do dinheiro investido, diminuindo o valor dos juros embutidos nas parcelas do financiamento e realizando em menos tempo o sonho mais importante, que é o de quitar a casa própria. Mas, em geral, não é isso o que acontece.

Levar um e pagar três é um bom negócio?

O que pode transformar o sonho da aquisição da casa própria em um pesadelo são as atitudes impensadas em relação a várias questões indiretas envolvidas no processo de compra. É muito comum, por exemplo, não se fazer o cálculo total do valor que será efetivamente pago pelo imóvel ao final do financiamento. O raciocínio mais comum é feito apenas com base no valor da prestação. Saber que a prestação da casa própria cabe realmente no orçamento é fundamental, como veremos. Mas é igualmente necessário ter a dimensão exata do tamanho da dívida que se está contraindo. Consciência é a palavra-chave!

Para alguém que decida comprar um apartamento de 100 mil reais, não basta saber que o valor da prestação será, digamos, de mil reais mensais. É preciso ter muito claro que o custo final do imóvel, que seria de 100 mil reais, pode saltar para mais de 350 mil reais, se financiado em 30 anos. Ou seja, você pagará o valor correspondente a mais de três imóveis, mas terá direito a apenas um! Trata-se de um bom negócio? Depende.

Veja abaixo a simulação da compra de um imóvel conforme exemplo acima:

Forma de aquisição	Prestação mensal (R$)	Aluguel mensal (R$)	Aplicação mensal (R$)	Prazo pagamento (anos)	Total pago (R$)
Poupar sem pagar aluguel	-	-	1.034	6	100.000
Poupar pagando aluguel	-	400	634	9	100.000
Consórcio	987	-	-	10	201.000
Financiamento	1.034	-	-	30	372.000

Taxa de juros de 0,7% ao mês.

Observe que, no exemplo acima, ficou constatado que a opção mais adequada depende da disponibilidade de recursos de cada pessoa e do tempo que ela está disposta a esperar.

É possível, por exemplo, guardar dinheiro por 6 anos e adquirir o imóvel à vista, aplicando o dinheiro poupado em uma modalidade conservadora, ou adquiri-lo em 9 anos guardando a diferença entre o valor do aluguel e o valor da prestação do imóvel. Além da possibilidade de compra pelo sistema de consórcio, cuja vantagem está no fato de ser uma forma de aquisição que não é acrescida de juros, embora não se possa esquecer da taxa de administração cobrada pela empresa do consórcio, que, se não for bem negociada, pode dobrar o valor do imóvel.

Há ainda outros tipos de financiamentos, nos quais as parcelas mensais diminuem ao longo dos anos. Mas, mesmo assim, é fundamental ficar atento, pois, também nesses casos, o valor de um único imóvel pode chegar a aproximadamente o preço de dois e meio.

A mesma cautela deve ser tomada por quem opta por comprar apartamento diretamente com as incorporadoras. Grande parte delas facilita a compra do imóvel com pequenas entradas ou prestações que cabem no bolso durante a construção do prédio, o que geralmente leva de três a quatro anos. No entanto, em geral, quando a obra é entregue, ainda falta um valor muito alto a ser quitado, que pode ser equivalente ao valor de mais de um apartamento.

Portanto, além de projetar o custo total, é importante que você pesquise sobre a empresa que construirá o prédio, pois não é raro encontrar pessoas que perderam dinheiro porque a construtora não honrou seu compromisso. Outro risco que precisa ser considerado é o impacto financeiro gerado no momento da chamada "entrega das chaves", quando costuma haver mais uma parcela pesada a ser paga, para a qual é preciso se planejar e poupar.

Seja como for, saber que o apartamento que custa 100 mil reais pode passar a custar mais de 350 mil reais, se financiado em 30 anos, não vai necessariamente fazer com que você desista do sonho; muito pelo contrário. Mas talvez você pense duas vezes e decida poupar parte do valor durante alguns anos e só então partir para o financiamento, por um prazo menor, pagando assim um valor final mais justo, em vez de pagar o valor de três apartamentos e só levar um.

A importância de projetar os custos indiretos

Antes de chegar na etapa final da construção do imóvel (quando adquirido na planta) ou da aprovação do financiamento, você deve projetar o orçamento considerando os custos com o condomínio, rateios e toda e qualquer despesa além da prestação.

É preciso ter certeza absoluta de que a aquisição caberá no seu orçamento financeiro mensal. Aqui, o cuidado deve ser redobrado, porque a tendência natural é fazer cálculos *grosso modo*, sem considerar detalhes que farão toda a diferença.

Um deles é saber qual será o valor do condomínio (se for apartamento) e do IPTU. Se a sua prestação é de mil reais por mês e você tem absoluta convicção de que dará para pagá-la, talvez sua certeza se abale ao saber que o condomínio custará, digamos, 500 reais e, além disso, haverá uma taxa mensal de IPTU de cerca de 60,00 reais. Calculando tudo, o custo mensal poderá passar de mil reais para 1.560,00 reais, por exemplo.

Também é necessário levar em conta toda a infraestrutura de serviços do bairro onde o imóvel está localizado. Como já descrito no livro *Terapia Financeira*, um dos princípios do equilíbrio financeiro é manter-se dentro do padrão de vida permitido por seus rendimentos.

Portanto, ao comprar uma casa, é necessário verificar se o bairro lhe permitirá manter-se dentro do seu padrão, com supermercados, lojas, escolas e outros serviços a preços compatíveis com sua renda.

Esse detalhe, que pode parecer irrelevante, faz muita diferença no resultado final das finanças, pois a variação do custo de vida de um bairro para outro pode chegar a mais de 50%.

Então, certifique-se de que a mudança de casa não acarretará aumento nas suas despesas mensais básicas, justamente no período em que as contas precisarão estar rigorosamente em dia para não comprometer a realização do seu sonho.

É comum também subestimar uma série de outros custos decorrentes da mudança, em especial quando se trata de uma casa nova, recém-construída.

Todo o sistema de financiamento se vale do sonho e da inconsciência do comprador, da tendência natural humana de não olhar a realidade tal como ela é, preferindo enganar a si mesmo quando conveniente.

Meu objetivo aqui é fazer exatamente o oposto: ampliar a consciência durante a tomada de decisão em relação às dívidas, examinar com lupa detalhes que fazem toda a diferença na saúde financeira individual e coletiva, conhecendo os desdobramentos da dívida antes, durante e depois de contraída.

O perigo de idealizar o imóvel novo

Muitas famílias saem aos finais de semana para visitar apartamentos decorados, que parecem um verdadeiro sonho para quem quer ter a casa própria. Entretanto, o que muita gente não sabe é que a decoração completa, da forma que é exposta nos estandes, custa, aproximadamente, 40% do valor do imóvel.

Por mais que o momento de compra do imóvel (principalmente o primeiro) tenha muito de encantamento – afinal, trata-se realmente de um sonho –, é preciso raciocinar bem e, principalmente, não esquecer que todo percurso tem suas pedras no meio do caminho.

Quando você visita um apartamento decorado, por exemplo, tudo está completo, decorado com capricho, valorizando cada espaço. Essa imagem ideal se fixa no seu pensamento e, toda vez que você pensa na casa nova, vem à mente a visão daquele apartamento absolutamente perfeito.

Mas, lógico, o apartamento do qual você receberá as chaves será bem diferente daquele. Em geral, a construtora entrega a você basicamente as paredes e a estrutura mínima de banheiro e cozinha. Nem mesmo o piso da sala e dos quartos está incluído na compra.

Naturalmente, para se mudar para a casa nova, você terá de comprar tudo isso: piso, box e aquecedor, para dizer o mínimo, sem contar armários, eletrodomésticos, cortinas, luminárias e todo o restante.

A situação piora se você, incentivado pela imagem idealizada da casa e pela sensação de que tudo será diferente dali em diante, cair na ilusão de montar o apartamento tal qual estava no *show-room*.

É claro que é sempre mais prazeroso imaginar a casa completamente nova, e não há quem escape da tentação de deixar móveis e eletrodomésticos da casa antiga para trás, sonhando com a possibilidade da renovação total. Mas pense bem: Como comprar todos os itens incluídos no apartamento decorado sem ter um único centavo guardado?

A resposta, consciente ou inconsciente, da maioria das pessoas é: comprando hoje para pagar depois. Ou seja, endividando-se. Mas esse é um erro fatal! Porque com isso você estará ultrapassando toda a sua capacidade de pagamento e inevitavelmente terá problemas para arcar com todos esses compromissos em seu orçamento financeiro.

Portanto, o ideal é que, ao comprar um apartamento novo, você tenha pelo menos 40% do valor total do imóvel reservado para custear as despesas de instalação. Do contrário, todos esses custos que você não considerou detalhadamente irão, aos poucos, se infiltrando em seu orçamento, corroendo toda a sua estrutura financeira.

Reserva estratégica

Também é importante lembrar que na transação de compra e venda você terá de considerar os custos de documentações, como escritura, certidões, despesas com cartório e registro de imóveis. Portanto, a reserva financeira que deverá ser acumulada assume um papel ainda mais decisivo no seu equilíbrio financeiro.

Outro cuidado fundamental é ter uma reserva de pelo menos 12 meses do valor da prestação, para que, numa eventualidade, você possa mantê-las em dia, evitando pagar multas e juros sobre juros e protegendo-se da inadimplência e do risco de desequilibrar o orçamento ou perder o imóvel por não conseguir pagá-lo.

Você pode estar pensando: "Ah, mas isso é exagero! Eu tenho um trabalho estável, não preciso me preocupar tanto com o futuro!". Engano seu. Mesmo se você for um funcionário público, com estabilidade, ou um pequeno empresário muito bem-sucedido, nunca se sabe o que pode acontecer de um dia para o outro. É sempre melhor prevenir do que remediar.

Imagine, por exemplo, que um de seus pais, que não tenha plano de saúde, precise de uma internação, um tratamento longo ou coisa parecida e que só você possa ajudá-lo neste momento. Você relutaria entre atrasar a prestação do seu apartamento ou fazer a intervenção médica necessária para salvá-lo? Provavelmente não. Portanto, ter uma reserva das prestações pode ser uma questão de vida ou morte!

Já fiz uma dívida da casa própria acima das minhas possibilidades e estou com problemas para pagar. O que fazer?

Tudo o que dissemos até aqui se aplica a quem está pensando em adquirir uma casa própria ou planejando fazer isso. Ou seja, são orientações para quem está entrando no endividamento neste momento da vida.

Mas digamos que o seu caso seja outro, que você já tenha ultrapassado essa etapa e adquirido o imóvel, sem antes ter ponderado adequadamente todas essas questões. E imaginemos que você já esteja sentindo na pele as dificuldades para honrar o compromisso assumido. O que fazer?

Nesse caso, posso imaginar duas situações, e certamente uma delas se aplicará a você. Digamos que você adquiriu seu bem sem pensar em tudo o que foi dito anteriormente e só agora se deu conta de que o financiamento do seu imóvel, que tem um valor imenso para você e sua família, não está cabendo no orçamento.

Imaginemos que você vem, já faz algum tempo, pagando as prestações atrasadas, com juros e multas, o que só complica a situação, porque a prestação acrescida de juros e multas se torna mais difícil de pagar, pesando ainda mais no orçamento.

Talvez, para pagar as prestações atrasadas que se acumulam ao longo do ano, você venha usando todo o seu décimo terceiro e suas férias ou fazendo novos empréstimos bancários – ou ainda fazendo muitas horas extras ou *freelancers* para conseguir cumprir esses compromissos. Mas, naturalmente, passados um ou dois meses, as prestações voltam a se acumular, porque na realidade estão acima da sua capacidade de pagamento.

Pode ser também que você venha fazendo acordos, de tempos em tempos, com o banco ou com a construtora, parcelando as prestações em atraso, mas sem conseguir colocá-las totalmente em dia – afinal, em vez de diminuir o valor pago mensalmente, o acordo só faz aumentar a necessidade de recursos, inviabilizando ainda mais o pagamento, porque seu rendimento líquido vem se encurtando mês a mês.

Diante de tal situação, em vários momentos, você já considerou a possibilidade de simplesmente entregar o apartamento e livrar-se definitivamente da dívida.

Mas aí você pensa melhor, imagina o quanto seria difícil desistir do seu sonho, principalmente se falta pouco tempo para quitar o imóvel... Ou, ainda, se pega tentando imaginar o quanto seria triste ficar sem o seu canto e voltar a pagar aluguel, depois de anos de sacrifício, tendo de recomeçar do zero.

Pois tenha calma! Se você vem pagando com dificuldade, mas paga, seu caso pode não ser tão grave assim, e entregar o imóvel talvez não seja necessário.

Diagnosticar antes de agir é o primeiro passo

Antes de tomar qualquer decisão, você precisa, urgentemente, fazer um diagnóstico da sua vida financeira. Isso mesmo! Você deve ter uma fotografia de alta definição de como vem conduzindo suas finanças. Pois, acredite, talvez os recursos de que você precisa para viabilizar o pagamento da sua principal dívida estejam ao alcance da sua mão.

A essa altura você deve estar pensando: "Impossível, pois o dinheiro que eu ganho não está sendo suficiente para pagar a casa!". Mas eu pergunto: Você já parou para pensar no dinheiro que gasta e não sabe para onde vai? Pois é aí, provavelmente, que está o problema; e veja que é aí também que está a solução.

Se você fizer um diagnóstico preciso das suas finanças, seguindo a Metodologia DSOP, disponível no livro *Terapia Financeira*, é provável que perceba que, com os ajustes necessários no orçamento, poderá pagar a dívida da sua casa própria com mais tranquilidade do que imagina.

A Metodologia DSOP de Educação Financeira consiste em quatro pilares: Diagnosticar, Sonhar, Orçar e Poupar. Ao aplicá-la passo a passo, você certamente resgatará o controle de sua vida financeira.

Num primeiro momento, você pode achar que isso é impossível, porque parte do princípio de que não há o que cortar de gastos em um orçamento que já considera apertado. Mas tenha certeza de que sempre haverá o que cortar e o que remanejar em prol da realização do seu principal sonho: o pagamento da casa própria e o fim da sua dívida mais pesada.

Faça o apontamento de suas despesas por 30 dias, registrando tudo – até mesmo os pequenos gastos, como cafezinho e gorjetas. É preciso descobrir para onde está indo cada centavo do seu dinheiro. Com essas informações muito claras na cabeça, será possível fazer o remanejamento necessário do dinheiro de que você dispõe.

É imprescindível reunir a família, para que todos estejam juntos nessa missão. Inclua até mesmo as crianças, porque, quando todos estão juntos, as chances de sucesso são maiores.

O importante é que, no seu caso, com uma boa reestruturação das finanças, é bem possível que não seja necessário devolver o imóvel. Uma medida necessária e bem mais razoável talvez seja repactuar a dívida, alongando os prazos, de modo que ela caiba no seu orçamento.

Se a decisão for repactuar a dívida, é importante olhar com clareza o cenário para, pelo menos, os próximos 12 meses. A principal pergunta que você deve fazer a si mesmo, e responder com sinceridade absoluta, é: Será possível arcar com o valor do novo pacto e honrar o novo compromisso, considerando o IPTU, e condomínio (se for o caso)?

Porque você pode até conseguir renegociar o financiamento, mas seu condomínio e seu IPTU continuarão altos, inviabilizando a manutenção do imóvel e tornando seu esforço vão.

Por isso, é necessário ter um diagnóstico preciso da sua situação financeira antes de tomar qualquer decisão, para que tudo seja feito com base em um orçamento real – e não em uma visão aproximada da sua disponibilidade financeira, que, no final das contas, pode se revelar insuficiente para permitir a realização do seu sonho.

Medidas drásticas para situações extremas

Mas pode ser que sua situação seja muito mais grave do que a descrita anteriormente. Se esse for o caso, é preciso tomar atitudes mais drásticas, ainda que sejam amargas.

Muitas vezes me perguntam: "Mas, Reinaldo, como é que eu faço para avaliar quando a situação é grave o bastante para tomar a decisão radical de entregar o imóvel?".

Em primeiro lugar, como eu disse, é preciso que você saiba em detalhes qual é a sua situação financeira, fazendo um diagnóstico preciso do dinheiro que entra e do dinheiro que sai, calculando exatamente o quanto você ganha e o quanto gasta em cada item de consumo, diariamente. Com isso, será possível calcular a sua real capacidade de pagamento mensal, algo que, naturalmente, deveria ter sido feito antes, mas que nunca é tarde para colocar em prática.

Mesmo que você constate que a sua capacidade de pagamento tenha sido mal dimensionada, de modo geral – se você tem rendimentos regulares, – quase sempre é possível reorganizar as finanças e ajustar a parcela do financiamento à sua realidade econômica, priorizando o cumprimento do seu principal compromisso financeiro: o pagamento da casa própria.

Porém, a situação muda completamente de figura se você, por alguma razão, ficar sem rendimentos ou tiver uma queda brusca nos seus recursos financeiros de uma hora para outra, sem perspectivas de recuperação em curto prazo.

O cenário mais clássico é o de quem compra um bem e, de repente, fica sem emprego. Se for um fato transitório, e no mês seguinte você já estiver empregado novamente, com tudo de volta aos trilhos, ótimo. Principalmente se você tiver tomado o cuidado de criar aquela reserva equivalente a 12 meses da prestação, para um caso de emergência, como orientei anteriormente.

Mas, se você não tomou essa precaução e se viu, de um dia para o outro, sem recursos, e sem uma perspectiva concreta de que a situação se reverterá a seu favor em seis meses, por exemplo, a atitude mais sensata é realmente considerar a hipótese de colocar o imóvel à venda, transferindo a dívida ou vendendo pelo preço total para quitar a dívida, ou simplesmente entregá-lo.

Isso por uma razão muito simples. Nesse caso, a dívida que está se acumulando se tornará, em pouco tempo, muito maior do que já é. Como veremos mais adiante, uma dívida puxa outra. Quanto mais tempo passar, maior será o nível de endividamento. Portanto, quanto mais cedo você tomar a decisão, melhor será para sua saúde financeira. Lembre-se do velho ditado: "O menor prejuízo é o primeiro".

A pior solução é deixar a dívida rolar para ver no que dá. Não caia na ilusão de que a dívida caduca ou some, nem confie que vai demorar muito tempo para tirarem o imóvel de você, imaginando que os processos são muito lentos ou burocráticos. Hoje em dia, tudo é muito mais moderno e rápido. Portanto, não se engane. Antecipe-se e tome a decisão o quanto antes.

Outra situação que pode levar à necessidade de entregar o imóvel é se você está passando por algum problema de saúde na família: a doença de um ente querido está drenando seus recursos e o colocou numa situação de endividamento inesperada, da qual você não consegue sair porque está emocionalmente envolvido.

Digamos que você tenha entrado numa roda-viva, que a prestação esteja atrasada, assim como o condomínio e o

IPTU. Pode ser até que a inadimplência do financiamento o impeça de alugar outro imóvel.

A você não restará outra alternativa além de buscar um lugar para morar, com o menor custo possível, pagando um seguro--fiança, se não houver outro jeito, até que a sua situação financeira se normalize, ou voltar a morar com os pais, parentes ou com algum amigo até recuperar o equilíbrio.

É claro que se trata de uma situação sofrida, em especial se ela estiver acompanhada de um problema de saúde na família! Mas, por mais doloroso que seja, o melhor é enfrentá-la de peito aberto, fazendo o que precisa ser feito. E acreditar. Acreditar que você será capaz de se reestruturar e recomeçar!

Talvez seja reconfortante pensar que você não é o único que está nessa situação. E que há sempre a possibilidade de recomeçar, fazer tudo de novo, com mais entendimento, segurança e experiência. Se você olhar a sua volta, ou até mesmo procurar saber com seus amigos, verá que muitas pessoas precisaram cair para poder se levantar. Não esmorecer é o segredo do sucesso financeiro.

Geralmente, quando as pessoas se veem diante de uma crise mais grave, quase sempre têm sentimentos de frustração, medo, falta de confiança em si mesmas e ansiedade. Portanto, é preciso ser cauteloso na hora de tomar as decisões para não criar problemas maiores para o futuro.

Se você decidiu entregar seu imóvel, por exemplo, procure manter-se o mais calmo possível, para fazer a negociação da devolução em termos adequados para você. Pois até para devolver uma casa é preciso ter cautela e consciência.

O fundamental é fazer a avaliação do imóvel e verificar o saldo devedor, porque, em alguns casos, o saldo pode ser maior que o valor do próprio imóvel.

DÍVIDAS DE VALOR

Veja abaixo o extrato de pagamento de um financiamento de casa própria no qual a pessoa pagou, em 12 meses, R$ 7.018,95, amortizando de seu saldo devedor apenas R$ 2.637,47.

DESCRIÇÃO	VALOR EM R$
Saldo devedor em 31/12/2007	46.110,08
AMORTIZAÇÃO	**2.637,47**
Juros	3.630,91
Seguros	475,65
Taxas + FCVS*	274,92
Total pago no exercício (mutuário)	7.018,95
Saldo devedor em 31/12/2008	43.472,61
TOTAL DE JUROS/SEGUROS/TAXAS	**4.381,48**

* Fundo de Compensação de Variações Salariais.

Talvez haja pessoas já interessadas na aquisição. Consulte vizinhos, amigos e parentes, vendo se consegue até mesmo uma transferência da dívida, com algumas vantagens, como permanecer na casa por mais algum tempo ou receber algum valor na negociação.

Caso não haja essa possibilidade e tenha mesmo de devolver o bem, garanta que não será necessário assumir o pagamento de nenhum resíduo, pois, do contrário, você ficará sem casa e com dívida, o que dificultará sua reorganização financeira a partir da devolução consumada. No momento da devolução, o ideal é estar acompanhado de um advogado da família ou indicado por um amigo e que seja especializado na área de imóveis.

Se, além de não ficar com a dívida, você tiver a possibilidade de sair da negociação com algum dinheiro, melhor ainda. Esses recursos podem ajudá-lo a dar o primeiro passo para a aquisição de outro imóvel, em condições mais compatíveis com a sua situação atual, ou mesmo garantir o seguro-fiança e o aluguel por alguns meses, até que as coisas voltem ao normal.

Nos momentos mais difíceis, quando essa solução parecer a pior do mundo, procure imaginar a tranquilidade de se ver sem o peso da dívida e com algum dinheiro para recomeçar!

O sonho do automóvel

Se você perguntasse para jovens que estão entrando no mercado de trabalho qual é o primeiro sonho que desejam realizar com os frutos do seu suor, nove entre dez diriam que é comprar um carro.

Se você perguntasse para adultos que já compraram seu primeiro carro o que fariam se ganhassem um bom aumento de salário, nove entre dez diriam que trocariam de carro.

Em nossa sociedade, carro é sinônimo de liberdade, autonomia, virilidade, estilo, poder, *status*. Brasileiro é louco por carro! Uma frase parecida já foi até mote de propaganda.

Uma construtora brasileira chegou a lançar uma promoção que dizia algo como: "Compre a casa e leve o carro de presente. Realize seus dois maiores sonhos em uma única tacada!". Nada mais inteligente do que unir o útil ao agradável! Excelente, não é? Depende.

Não se faz uma promoção assim a troco de nada. Provavelmente, por trás dessa estratégia de *marketing* está a certeza de que muitos brasileiros não compram a casa própria sem antes ter comprado um carro.

Quantas pessoas você conhece que moram em casas simples – às vezes alugadas, às vezes na casa dos pais, ou numa casa própria, mas instalada em um bairro periférico, com pouca infraestrutura – e, no entanto, circulam pelas ruas em carros de luxo?

Há pessoas cujos carros representam todo o patrimônio acumulado ao longo da vida. Não é à toa que muitos se matam no trânsito por causa de uma pequena batida ou de um simples arranhão. Para pessoas assim, o carro vale mais que qualquer outra coisa na vida. Por isso, nada mais natural que façam qualquer loucura para adquirir um automóvel, como comprá-lo em 60 prestações – isso mesmo: cinco anos –, pagando por um o valor de dois.

É muito comum as pessoas comprarem seu primeiro carro, por exemplo – em geral um popular, no valor de 25 mil reais –, e, ao final de 60 meses, terem pago 42 mil reais por ele, em prestações de aproximadamente 700 reais. É um bom negócio? Sempre haverá quem defenda que sim.

Não há nada de errado com as empresas que promovem as campanhas publicitárias, menos ainda com os bancos que disponibilizam o financiamento para a compra do carro. Esse é o negócio deles: fazer com que você visualize a possibilidade de realizar seu sonho e criar os meios financeiros para tanto, obtendo algum lucro, evidentemente.

O problema é que, cego de desejo, você não pensa duas vezes: compra e, depois, só depois, percebe concretamente as consequências da decisão tomada. A gravidade do problema está no analfabetismo financeiro, somado ao *marketing* publicitário e ao crédito fácil. Juntos, eles estão comprometendo a saúde financeira das gerações atuais e futuras.

O custo real de um carro

Para evitar que o sonho da liberdade proporcionada pelo carro vire um beco sem saída nas finanças pessoais, é preciso ser cauteloso. Valem praticamente as mesmas regras em relação à casa própria.

O comportamento mais comum e imediato é pensar no valor da prestação do carro, e apenas nisso, desconsiderando ou subestimando todo o resto – todos os custos indiretos envolvidos na aquisição do automóvel.

Esse é o que se poderia chamar de um comportamento de risco, já que cerca de 3% a 4% do valor do carro é o custo que o proprietário terá em sua manutenção mensal. Isso inclui IPVA, seguro, DPVAT, inspeção veicular, gasolina, revisão, estacionamento e também depreciação, ou seja, a perda de valor anual do carro.

Equivocadamente, algumas pessoas acreditam que o veículo é um bem de investimento, quando, na verdade, não passa de um bem de consumo, cuja aquisição mal planejada pode corroer as bases de qualquer orçamento financeiro. É a receita certa para que o sonho de liberdade se transforme numa prisão financeira, se tudo não for minuciosamente calculado e previsto.

SIMULAÇÃO DO CUSTO DE UM VEÍCULO

Valor do veículo R$ 25.000,00

	Mensal R$	% do custo com o veículo	Anual R$
IPVA	52,08	5,95	624,96
DPVAT	8,42	0,96	101,04
Licenciamento	2,58	0,29	30,96
Seguro (7%)	145,83	16,66	1.749,96
Combustível (média mensal)	300,00	34,28	3.600,00
Manutenção Trimestral - óleo/filtros	10,67	1,22	128,04
Pneus (troca a cada 30.000 Km)	17,25	1,97	207,00
Lavagem	60,00	6,86	720,00
Estacionamento	60,00	6,86	720,00
Multa de trânsito	10,00	1,15	120,00
Depreciação (10% anual)	208,33	23,80	2.499,96
Total de despesas com o veículo	**875,16**	**100,0**	**10.501,92**

Fonte: Instituto DSOP de Educação Financeira

Com isso, aquele jovem que até os 20 anos viveu sem dívidas, e que, ao ter seu primeiro trabalho remunerado, imediatamente contraiu uma dívida enorme para comprar um automóvel, terá o seu futuro próximo dedicado quase exclusivamente a viver e trabalhar para pagar os custos gerados por um carro, sem conseguir poupar um único centavo por pelo menos cinco anos.

Se, por volta dos 25 anos, esse jovem decidir se casar, não terá poupado absolutamente nada até então, porque passou cinco anos de sua vida economicamente ativa pagando a dívida do carro.

Caso tenha conseguido quitá-lo nesse período, seu único bem será um automóvel, pelo qual ele pagou 50 mil reais, mas que, provavelmente, valerá menos de 15 mil reais. Agora, responda sinceramente: Trata-se de um bom negócio?

O imediatismo que move os jovens hoje em dia (e não só eles) impede-os, por exemplo, de esperar o tempo adequado poupando, seja pelos meios convencionais ou mesmo por meio do consórcio, para só depois ter o carro.

É comum também que os próprios pais, na ânsia de realizar o desejo dos filhos, acabem tomando decisões precipitadas. E aqui vai um alerta para os pais que costumam presentear os filhos com um automóvel, quando eles entram na faculdade.

É preciso ter consciência do impacto dessa dívida e do custo de manutenção do veículo no orçamento familiar, naturalmente. Mas, mais que isso, você pode estar dando ao seu filho um presente de grego! Uma dívida disfarçada de carro. Uma prisão financeira disfarçada de liberdade.

Sonho de consumo ou desejo de status?

No caso de quem já está indo para o segundo ou terceiro automóvel, os riscos não são menores. É preciso ser consciente do que se está fazendo. Investir todo o seu décimo terceiro salário, suas férias ou seu tão esperado aumento de salário num carro mais novo, mais potente, mais luxuoso é uma faca de dois gumes.

Carros mais potentes e luxuosos significam também maior consumo de combustível, custo maior de manutenção e seguro muito mais alto, além de maior vulnerabilidade à violência urbana.

Portanto, ao tomar a decisão de comprar um modelo mais sofisticado, é preciso ter certeza de que será possível arcar com os custos adicionais acarretados pela aquisição.

Também é sempre recomendável pensar em quais são as razões pelas quais você está tomando a decisão de compra. Se for somente por *status*, talvez valha a pena fazer uma breve reflexão e analisar se não há outros destinos mais inteligentes para o seu dinheiro, como criar uma reserva estratégica para uma eventual emergência, fazer uma boa poupança para comprar a casa própria no futuro ou pensar numa aposentadoria sustentável financeiramente.

E, claro, nunca é demais sublinhar que financiar carro de luxo em inúmeras prestações é uma contradição e tanto! Como o próprio nome diz, carro de luxo pressupõe que você tenha a condição de se dar esse luxo.

Se você não tem dinheiro para comprar um automóvel sofisticado sem que, para isso, tenha de se endividar por mais cinco anos, talvez seja o caso de manter o carro no padrão atual, poupar e, só mais tarde, quando realmente tiver meios concretos para isso, dar esse novo passo.

DÍVIDAS DE VALOR

A aquisição do meu carro já virou um problema financeiro. Qual a melhor saída?

Como poucas pessoas foram alertadas e orientadas sobre a hora certa de decidir comprar um carro, é comum que o desejo da liberdade e do *status* proporcionados pelo carro se transforme em uma prisão de endividamento ou limite sua vida a trabalhar para pagar uma prestação que, muitas vezes, não cabe no orçamento mensal.

A conta é simples. Você comprou um carro de 54.000 reais em 60 parcelas. Ao longo desse tempo, você pagará por esse carro cerca de 100.000 reais. Isso mesmo! Você pagará em um carro o valor de dois, como já demonstramos.

Mas o problema maior acontece se, num determinado momento, por uma conjuntura qualquer, você perder o emprego ou tiver uma queda de rendimentos.

Digamos que você tenha pagado apenas 12 prestações desse automóvel financiado em 60 vezes e percebeu que nem mesmo a prestação cabe mais no orçamento.

Depois de tentar de todas as maneiras resistir à fatalidade de entregar o carro, muitas vezes atrasando outras despesas essenciais em função dessa prestação, você finalmente pensou em devolvê-lo à financeira e estancar as prestações restantes. Mas, quando chegou para fazer a negociação, tomou um enorme susto e percebeu que as coisas não são simples assim.

Na conta da financiadora, o seu carro, que inicialmente valia 54.000 reais, ao sair da loja já passou a valer 10% menos. Considerando um ano de uso, teve uma depreciação de mais 10%. Ou seja, seu carro, em um ano, já vale 20% menos do que valia quando você o comprou.

Acontece que o valor da sua dívida, que era de 100 mil reais em 60 meses, depois de 12 meses de pagamento caiu para 80 mil reais. Porém o carro agora só vale 44 mil reais. Portanto, sua dívida é maior do que o seu bem.

Por esse raciocínio, ao devolver o carro, em princípio, você ainda ficaria devendo. Esse é o preço que se paga pela ansiedade e pela compra por impulso, inconsciente. Ou, como diz o dito popular, por "dar o passo maior do que a perna".

Quando devolver o carro é a melhor solução

Infelizmente, se você estiver numa situação semelhante a essa, com dificuldades para pagar o carro, vale o mesmo raciocínio em relação à casa. Se não houver perspectiva de reverter a situação em um curto espaço de tempo, o melhor a fazer é devolver o bem o quanto antes e negociar, com a ajuda de um advogado, se preciso for, para que a dívida seja extinta.

Lembre-se: os veículos que voltam para a financiadora são leiloados, e a financiadora não vai querer arcar com as perdas. Se houver diferença entre o valor real do carro e valor pelo qual ele for leiloado, quem terá de cobri-la é você.

Sendo assim, procure devolvê-lo o mais rápido possível, enquanto ele tiver um bom valor de mercado. Se fizer isso direitinho, terá grandes chances de não sobrar nenhuma dívida para você.

A única outra alternativa seria repassá-lo para terceiros, de forma que o novo comprador assumisse a dívida. Mas, caso você opte por essa solução, não deixe, em hipótese alguma, de transferir o financiamento para o nome do novo comprador; do contrário, você continuará responsável pelo que acontecer ao carro, não só do ponto de vista financeiro, como também penal.

Claro que ter de abrir mão de um bem com o qual você provavelmente sonhou por um longo tempo não é fácil. Mas não se sinta derrotado por isso. Pense que você está, antes tarde do que nunca, tomando a decisão correta. No mês seguinte, você já pode começar a escrever uma nova história, correndo atrás do seu sonho de novo, mas em condições melhores.

Faça o diagnóstico da sua situação financeira e comece a poupar logo no primeiro mês, se possível, o valor correspondente a pelo menos 50% do que você pagava de prestação. Redefina o tipo de carro que você quer, tendo como base uma avaliação precisa do seu orçamento e das suas necessidades em termos de transporte. Pesquise outras alternativas de modelos ou, ainda, volte a considerar a possibilidade de fazer um consórcio. Mas faça tudo com consciência e planejamento, para não se endividar novamente.

Lembre-se sempre de que é nas pequenas despesas que você encontrará o dinheiro que não consegue guardar, por isso um diagnóstico minucioso de tudo o que gasta é tão importante, levando-o a guardar mais dinheiro para a realização do sonho de ter seu carro de volta.

Controle a ansiedade e tenha em mente que tudo deve ser feito a seu tempo, pois um dos segredos do sucesso financeiro está diretamente relacionado à capacidade de saber fazer escolhas e aguardar o melhor momento para tomar as decisões de compra.

Tenha em mente também que, embora as dívidas para a obtenção de casa e carro possam ser consideradas de valor, só a aquisição da casa própria é de fato um investimento, pois o imóvel tende sempre a valorizar e pode inclusive, no futuro, transformar-se em fonte de renda. Já o carro é apenas um bem de consumo que se desvaloriza a cada mês e, portanto, não pode ser considerado um investimento, apesar do seu valor agregado.

Agora, que você já tem consciência de quais são as suas dívidas de valor e de o quanto é importante dimensioná-las corretamente para conseguir mantê-las em dia, vamos atacar juntos as dívidas sem valor – essas, sim, as grandes vilãs do seu orçamento.

Mas o que é dívida sem valor? Para saber, será preciso distinguir aquilo que é essencial do que é supérfluo. Vamos em frente.

2

DÍVIDAS SEM VALOR

Compras por impulso

O endividamento por dívidas de valor, como vimos no capítulo anterior, pode complicar a vida financeira se não for realizado de forma consciente e cautelosa, no prazo adequado e com uma série de precauções. Mas, por mais difícil que seja a situação, sempre haverá o alento de pensar que seu endividamento tem uma boa causa. Afinal, casa e carro são necessidades absolutamente justificáveis no mundo moderno e agregam valor à sua qualidade de vida.

O sofrimento decorrente do endividamento aumenta, no entanto, quando a causa são as dívidas sem valor, que podem desequilibrar completamente o orçamento, comprometendo o seu presente e o seu futuro financeiro sem lhe dar uma contrapartida realmente importante em termos de crescimento financeiro e bem-estar.

E o que são as dívidas sem valor?

Dívidas sem valor são o resultado final das compras sem valor que você fez, quase sempre por impulso, de coisas que não agregaram nada à sua vida: aquela esteira ergométrica que você comprou e virou cabide para roupas, porque nunca foi usada; os sapatos de modelos parecidos, comprados na liquidação e que na estação seguinte saíram de moda; o *kit* de ferramentas revolucionárias que nunca teve serventia; o celular ultramoderno com tantos recursos que você não soube sequer como utilizar direito, consumindo energia elétrica em excesso; as compras desnecessárias na padaria e no supermercado que foram parar no lixo.

A lista poderia se prolongar ao infinito, porque já virou parte da rotina das pessoas adquirir coisas que não agregam de fato nenhum valor às suas vidas, às vezes sem perceber o tamanho do buraco em que estão entrando.

Compro, logo existo?

Há quem acredite que consumir é um dos maiores prazeres da vida e deve ser praticado com a máxima intensidade – afinal, não sabemos se amanhã ainda estaremos aqui, então temos de aproveitar tudo hoje! Você já deve ter ouvido isso muitas vezes. No entanto, pense o contrário. E se você viver até os 100 anos de idade? Como fará se não tiver se preparado para o futuro? Com que dinheiro irá se sustentar e continuar consumindo?

Esse é um mal do século. A decisão de compra da maioria das pessoas funciona no "piloto automático", sem a intervenção do pensamento lógico e da ponderação necessária. Muitos substituíram o pensamento racional (penso, logo existo) pelo irracional (compro, logo existo), mas se esquecem de considerar a principal consequência: compro, logo devo.

Você pode argumentar: "Ah, mas o que uma coisa tem a ver com a outra? Compras não são dívidas; compras são compras, certo?". Depende. Se você aprofundar um pouquinho mais o raciocínio, verá que dívida é aquilo que você comprou e terá de pagar. Portanto, dívidas são compras – compras muitas vezes acrescidas de mais juros do que os já embutidos no parcelamento. Isso quer dizer que a forma mais inteligente de livrar-se das dívidas sem valor é parar de comprar coisas sem valor. Simples assim! E, melhor ainda: se você não tiver dívidas sem valor, terá muito mais dinheiro para pagar em dia as suas dívidas de valor e ter uma vida financeira mais tranquila.

Você alguma vez parou para pensar que talvez a prestação da sua casa ou do seu carro (que são dívidas de valor) esteja atrasada porque você vem queimando os seus recursos em dívidas sem valor? Você pode dizer: "Imagina se o fato de eu comprar uma esteira, um par de sapatos ou um *kit* de ferramentas, ou ainda exagerar nas despesas essenciais, como energia elétrica, água e padaria, é a causa de não estar conseguindo pagar o apartamento!".

DÍVIDAS SEM VALOR

Pois eu lhe garanto que, se você juntasse cada real gasto em compras sem valor, calculando junto tudo o que paga de juros embutidos nas prestações das compras a prazo e os juros cobrados pelas contas atrasadas, transformadas em dívidas não pagas, teria muito menos problemas. Como você já deve ter ouvido ao longo da vida, o dinheiro não aceita desaforos! E quer desaforo maior do que usar o seu dinheiro, ganho com tanto sacrifício, para comprar coisas muitas vezes inúteis? A consequência é óbvia. Se você torra o dinheiro em coisas sem valor, provavelmente faltará dinheiro para pagar as coisas de valor.

Não sei mais viver sem ter algum parcelamento a perder de vista no carnê. Ainda tenho solução?

Se você quer viver de forma harmoniosa com as suas dívidas de valor, pagando em dia e, se possível, antecipando as prestações, para abreviar o financiamento da sua casa própria ou do seu carro, por exemplo, você precisa ser capaz de controlar as compras por impulso e aprender a comprar aquilo que é realmente necessário, concentrando-se no essencial, procurando sempre as melhores condições possíveis.

Tenha sempre em mente que, toda vez que você fizer determinada compra, será preciso responder sinceramente a algumas perguntas:

- **Eu realmente preciso desse produto?**
- **O que ele vai trazer de benefício para a minha vida?**
- **Se eu não comprar isso hoje, o que acontecerá?**
- **Estou comprando por necessidade real ou movido por outro sentimento, como carência ou baixa autoestima?**
- **Estou comprando por mim ou influenciado por outra pessoa ou por uma propaganda sedutora?**

Garanto a você que, se for capaz de se fazer essas perguntinhas básicas, respondendo com honestidade, será possível distinguir claramente o que tem e o que não tem valor real em cada situação de compra que surgir. Se, mesmo diante desse questionamento, você concluir que realmente precisa comprar o produto, seria prudente fazer mais algumas perguntas, como:

- **De quanto eu disponho efetivamente para gastar?**
- **Tenho o dinheiro para comprar à vista?**
- **Precisarei comprar a prazo e pagar juros?**
- **Tenho o valor referente a uma parcela, mas o terei com certeza daqui a três, seis ou doze meses?**
- **Preciso do modelo mais sofisticado, ou um básico, mais em conta, atenderia perfeitamente à minha necessidade?**

Afinal, você nunca pode esquecer que toda mercadoria tem

pelo menos três preços: o preço real, o preço à vista e o preço a prazo. Quem quer evitar o endividamento deve comprar bem e fazer todo o esforço possível para comprar à vista, não caindo nas facilidades dos financiamentos a perder de vista. Do contrário, você corre o risco de perder de vista justamente o mais importante: o aproveitamento máximo do seu dinheiro.

A ilusão do crédito fácil

Pesquisar, pensar e pedir descontos são atitudes que fazem parte do negócio de compra e venda, demonstrando, entre outras coisas, o valor que você dá ao próprio dinheiro.

Quando você reflete antes de fazer suas escolhas, comparando preços, estudando a melhor estratégia para adquirir um bem, está respeitando o dinheiro, e a consequência disso é ter menos dívidas.

Se você não tem dinheiro para comprar um bem à vista, como um computador, por exemplo, pode pelo menos poupar uma parte do custo, fazer uma longa pesquisa em várias lojas, e também na Internet, e então parcelar apenas 50% do valor, digamos, em duas ou três vezes (sem juros), com a segurança de que aquela compra não vai virar uma prestação difícil de pagar no futuro.

Não seja ingênuo. Nenhuma loja financia o bem que você deseja no carnê porque é boazinha. O negócio da loja é vender o produto, mas algumas delas transformaram em negócio paralelo vender a prazo e cobrar juros embutidos nas prestações. Elas vendem a possibilidade de você satisfazer desejos imediatos, mas com isso comprometem a realização de seus sonhos futuros.

A fórmula é simples: quem tem prestações tem dívidas, quem tem dívidas paga juros, quem paga juros tem menos dinheiro e quem tem menos dinheiro realiza menos sonhos.

Desconfie sempre dos créditos fáceis, dos parcelamentos do tipo "fazemos qualquer negócio". Todos esses financiamentos têm juros embutidos, mesmo quando as propagandas sustentam que se trata de parcelamento sem juros. É necessário que você tenha consciência plena disso e busque outras alternativas de pagamento para conseguir um preço à vista mais justo, de preferência com um desconto generoso.

Qualquer que seja o item que você deseja adquirir, a "frase mágica" é: "Quanto custa este produto à vista?". Sempre que perguntamos dessa forma, o vendedor já saberá que estamos buscando o menor preço e estará mais aberto para negociar.

Não entre em prestações de longo prazo sem ter certeza absoluta de que elas não comprometerão seus orçamentos atual e futuro. Do contrário, aquele crediário poderá se tornar uma dívida inadimplente, gerando mais juros e mais multas do que já está embutido no preço do produto, fazendo com que o valor final daquele bem se multiplique absurdamente, muito além do seu real valor.

Isso significa que você não pode nunca, jamais, comprar uma mercadoria qualquer no carnê? Não necessariamente. Imagine que o refrigerador da sua casa pifou e você não tenha uma reserva para essa emergência. Ficará sem o refrigerador ou comprará a prazo?

O mais razoável, em um caso como esse, é comprar a prazo mesmo, mas fazendo um parcelamento consciente e inteligente. E os juros precisam ser muito bem compreendidos. Lembre-se: as lojas não agem com generosidade! Elas não doam. Elas vendem, e vender a prazo supõe que elas ganharão mais, nos juros.

Muitas vezes, sequer percebemos qual é o negócio das lojas nas quais fazemos compras. Você já parou para pensar qual é o verdadeiro negócio de uma grande loja de móveis e eletrodomésticos? A primeira resposta que nos ocorre é pensar que o negócio deles é vender móveis e eletrodomésticos, mas nem sempre é assim. É comum que o verdadeiro negócio dessas grandes lojas seja simplesmente vender crédito direto ao consumidor, ou seja, emprestar dinheiro para você adquirir a mercadoria de que precisa. Mas se trata de um crédito em geral muito mais caro do que o vendido pelos bancos. Nem tudo o que reluz é ouro! Procure ampliar sua percepção na hora de comprar o que quer que seja. Sempre que lhe ocorrer a vontade ou a necessidade de fazer uma compra parcelada no carnê, ao fazer isso você estará na verdade comprando crédito.

Os desdobramentos da compra

Nunca é demais reiterar que, qualquer que seja a necessidade de compra, você precisa saber com precisão o quanto ganha, e o quanto sobra do que você ganha, antes de se comprometer com mais um financiamento. Se a conta der zero, sinal vermelho, porque você fatalmente pagará mais juros, ficará inadimplente e será punido com mais juros e multas.

Caso você tenha alguma margem para incluir uma nova prestação no seu orçamento, ainda assim é recomendável refletir bem antes de tomar esse crédito, porque o normal é que o custo da compra seja maior do que você imagina inicialmente.

Suponha que você quer uma TV maior e mais moderna para assistir ao futebol ou à novela. Imagina que a prestação cabe tranquilamente no orçamento. Como está ansioso e não quer esperar até ter todo o dinheiro, resolve comprar a crédito, pagando um preço mais alto, para ter o bem imediatamente.

Mas você se esquece de avaliar se tem o móvel adequado para essa nova TV – ou, ainda, se quiser colocá-la na parede, haverá o custo do suporte. Enfim, tudo isso encarecerá um pouco mais a sua dívida. Também não imagina que, com a TV mais moderna, ficará com vontade de fazer um pacote de TV a cabo ou de passar a comprar o *pay-per-view* dos jogos do seu time ou de seus filmes preferidos.

Resultado: a compra da TV acarretará vários custos indiretos, que você não tinha considerado. Ao colocar tudo na ponta do lápis, você perceberá que essa nova TV não cabe no seu orçamento. Se perceber isso antes de comprar, ótimo. Se deixar para pensar em tudo isso depois, provavelmente já estará endividado.

Pensar nos desdobramentos da compra é fundamental para evitar danos ao equilíbrio das finanças.

De que adianta comprar a TV digital que você quer em 24 vezes, mas chegar à sexta prestação e verificar que não consegue pagar mais? E ainda por cima ficar com uma dívida correndo juros e aumentando diariamente?

Com certeza, chegará um momento em que você pensará: "Se eu tivesse ficado mais um tempo com a minha TV antiga, agora não teria essa dor de cabeça".

E pior: imagine se tudo isso acontecesse (se é que já não aconteceu com você) por causa de uma compra sem valor, algo que, no final das contas, virasse um elefante branco, um objeto sem serventia real na sua vida e do qual você se arrependesse?

Portanto, tenha sempre em mente: Dívidas sem valor são aquelas contraídas por impulso, em geral um impulso inconsciente, estimulado pela sedução do crédito fácil, do *marketing* publicitário, e em parcelamentos a perder de vista.

Já as dívidas de valor são aquelas que ampliam seu patrimônio e têm impacto claramente positivo na sua qualidade de vida, de preferência contraídas com o auxílio de um recurso (total ou parcial) poupado especificamente para aquele fim.

Saber distinguir umas das outras é uma excelente forma de se reeducar financeiramente, não se endividando além da sua real capacidade de pagamento.

Cuidados essenciais com o cartão de crédito

Já virou lugar-comum dizer que o cartão de crédito é o grande vilão nas histórias de endividamento pessoal dos brasileiros. Afinal, a facilidade que proporciona na hora da compra, a possibilidade de parcelar tudo em quantas vezes se desejar, o fato de não vermos fisicamente o dinheiro saindo da carteira ou da conta-corrente, tudo isso leva as pessoas a se endividar, certo? Mais ou menos.

Não se pode jogar toda a culpa do endividamento financeiro de alguém num "inocente" pedaço de plástico. A responsabilidade pelo consumo e pelo endividamento inconscientes dos brasileiros (e de pessoas do mundo todo) está no analfabetismo financeiro.

A maioria das pessoas não foi preparada para lidar com o dinheiro de uma forma responsável, consciente, adotando padrões de comportamento sustentáveis, para manter uma vida equilibrada nesse campo – nem mesmo no tempo em que todas as transações comerciais eram feitas exclusivamente com as cédulas concretas, o "dinheiro vivo", como se diz.

Agora imagine: se até hoje, no Brasil, há quem não consiga lidar com o dinheiro vivo de forma equilibrada, calcule o que pode acontecer quando essas mesmas pessoas passam a utilizar uma forma abstrata de lidar com o dinheiro, como o cartão de crédito.

Sim, porque o uso do cartão de crédito exige, ao mesmo tempo, capacidade de abstração e de concretização, para que a pessoa saiba que não está lidando com o dinheiro, mas com um meio de compra e pagamento, sem perder de vista que, para ser honrado, ele demandará uma quantia em dinheiro real, na data do vencimento, correspondente aos gastos realizados anteriormente.

Quando surgiram, nos Estados Unidos, os cartões de crédito eram oferecidos como uma espécie de benefício aos clientes mais fiéis de postos de gasolina, supermercados, restaurantes e hotéis, que podiam comprar produtos e serviços dessas empresas sem ter de pagar no mesmo dia. Isso acontecia porque os comerciantes confiavam que aquelas pessoas pagariam depois, já que eram clientes fiéis.

Desde então, o cartão de crédito sofreu um processo de evolução constante, até chegar ao patamar dos dias atuais, quando é aceito em praticamente todos os estabelecimentos do mundo e foi popularizado, atingindo quase todas as classes sociais.

O problema é que nem todo mundo aprendeu a lidar com esse meio de pagamento de forma adequada, não fazendo o raciocínio correto na hora de realizar as compras.

As instituições financeiras viram nesse despreparo uma oportunidade de negócio e passaram a oferecer os cartões e a cobrar juros de quem não conseguia quitar os gastos nas datas de vencimento.

Você já deve ter ouvido alguém dizer que tudo o que as instituições financeiras não querem é que você pague o seu cartão de crédito em dia. E por quê? Porque, se você paga o seu cartão de crédito em dia, você não paga juros, e o cartão de crédito vira o que ele é de verdade: um simples meio de pagamento que substitui o meio convencional.

Estabelecer e respeitar seus limites

A utilização equivocada do cartão de crédito começa na sua aquisição. As próprias operadoras de cartão de crédito vêm trabalhando na conscientização do uso desse meio de pagamento, porque estão percebendo que, da forma como vem sendo usado, ele pode se tornar insustentável em pouco tempo. Afinal, se a maior parte dos usuários de cartão de crédito se endividar a ponto de não poder mais usá-lo, será ruim para todos.

Um dos motivos para esse endividamento é o fato de as pessoas comumente terem cartões de crédito com limites muito superiores aos que poderiam ter. Você pode dizer: "Ora, mas se o meu banco me deu um limite de 5 mil reais é porque eu posso ter um limite de 5 mil reais!". Vamos pensar mais detidamente sobre isso.

Para início de conversa, você deve se lembrar de que, para as instituições financeiras, o melhor negócio é você comprar sempre além do que pode pagar, o que o obriga a pagar a prazo e, assim, arcar com juros e multas. Portanto, é natural que elas sejam "generosas" na hora de lhe dar um limite.

Ah! Então o verdadeiro vilão dessa história é a instituição financeira? Claro que não. Como já foi dito, esse é o negócio deles. Como em tudo na vida, somos nós os únicos responsáveis por nossos atos e escolhas. Portanto, cabe a você estabelecer os seus próprios limites, com base nos seus rendimentos reais líquidos.

Veja que eu disse *rendimentos reais líquidos*. Algo que você só poderá conhecer com precisão se fizer um diagnóstico completo da sua vida financeira, como explicado na Metodologia DSOP.

Para quem está em desequilíbrio financeiro, de modo geral, o recomendável é ter um cartão de crédito com limite disponível de no máximo 30% dos seus rendimentos líquidos.

Se você tem um rendimento de mil reais, por exemplo, o limite do cartão deve ser de 300 reais; para 2 mil reais de rendimento, 600 reais de limite; para 3 mil, 900 reais de limite, e assim por diante. Parece pouco? Pode ser, mas tenha certeza de que, mantendo-se dentro desse limite, será muito mais difícil você transformar o seu inofensivo cartão de crédito numa devastadora arma contra a sua saúde financeira.

Se você quiser testar o poder de destruição dessa arma, faça a mesma conta, considerando apenas 100 reais desse limite não pagos ao longo de dois, cinco, 10 e 15 anos, acrescidos dos juros que você pagaria se não conseguisse quitar a fatura no dia certo.

Juros contra você

Uma pessoa que tenha um saldo devedor em seu cartão de crédito no valor de R$ 100,00:

Em 2 anos deverá	R$ 1.878,81
Em 5 anos deverá	R$ 153.005,35
Em 10 anos deverá	R$ 234.106.363,03
Em 15 anos deverá	R$ 358.195.253.802,61

Cartão de crédito: juros de 13% ao mês.

Por isso, para efeito de segurança, o limite do cartão de crédito não deve jamais exceder o valor do seu ganho. Em outras palavras, não se deixe iludir, achando que pode comprar mais do que realmente pode, ou o endividamento será inevitável.

Não permita que o limite ilusório do cartão de crédito programe seu cérebro de forma equivocada, levando você a considerar esse valor como o seu poder aquisitivo real.

É óbvio que, se você ganha, digamos, 2 mil reais mensais, não pode gastar o limite inteiro de um cartão de 5 mil reais em um mês. Mas as facilidades, somadas aos desejos fermentados pelo *marketing* publicitário, tendem a confundir o seu raciocínio, deixando a mente e o bolso vulneráveis.

DÍVIDAS SEM VALOR

O que é melhor para manter o equilíbrio? Usar o "dinheiro vivo" ou o "dinheiro eletrônico"?

Para usar o cartão de crédito de forma consciente e segura, você precisa ter sempre em mente o volume real de dinheiro que pode gastar mensalmente, antes de fazer suas compras no cartão. Lembre-se de que sempre é necessário ter um volume de dinheiro real correspondente aos gastos para quitá-los no dia do vencimento; do contrário, o desequilíbrio será inevitável. Além disso, é fundamental que você tenha muito claro o quanto desse dinheiro teoricamente disponível para gastar já está comprometido com as compras parceladas no cartão. Porque esse é outro erro comum, que leva ao endividamento.

Você tem um cartão de 5 mil reais. Sabe que, na verdade só pode gastar mil reais por mês. Ao passear pelo *shopping*, decide fazer uma compra não programada. Na hora, tenta fazer seus cálculos de memória e conclui: "Bem, esse mês só gastei 700 reais no cartão, então posso comprar". Compra e sai da loja feliz da vida, achando que fez um negócio consciente. Só que, no começo do mês, ao receber a fatura do cartão, percebe que tinha se esquecido de considerar um parcelamento feito três meses antes e que ainda não havia terminado.

Resultado: somando os 700 reais gastos no mês, mais a compra não programada, mais a parcela restante da compra antiga, você gastou mais de mil reais, mais do que podia pagar. No dia do vencimento, terá de jogar parte da dívida do cartão para a frente e, claro, arcar com os juros decorrentes dessa operação. Agora responda: vale a pena?

O parcelamento de compras no cartão de crédito é uma espécie de areia movediça. Enganado pelas pequenas parcelas, você não calcula direito o quanto as compras já representam no seu limite total e o quanto desse total cabe realmente no seu ganho mensal. Quando se dá conta, já está afundando.

Outro fator muito importante para se ter em mente é que, além de desestabilizar o gasto mensal no cartão em si, os parcelamentos reduzem o volume de dinheiro que você tem efetivamente a cada início de mês.

Quando você desconta dos seus ganhos líquidos os seus gastos com as dívidas de valor e também as compras parceladas já realizadas no cartão, sobra bem menos para a adequação do seu padrão de vida naquele mês.

DÍVIDAS SEM VALOR

Resultado: você provavelmente gastará mais do que poderia no seu orçamento total. O problema é que esse déficit mensal vai se acumulando. Em determinado momento, para quitá-lo, você precisará tirar dinheiro de algum lugar. O mais provável é que precise fazer novos empréstimos, e assim uma dívida vai puxando outra, até se tornar uma imensa bola de neve, levando à inadimplência.

Portanto, se tiver de comprar, compre sem parcelar. Assim ficará mais fácil calcular o limite real que você pode gastar mensalmente. Se for inevitável o parcelamento, é necessário que saiba o quanto estará comprometendo de seus próximos orçamentos.

O Governo Federal, por meio do Banco Central, instituiu em 2011 algumas mudanças que ajudarão em parte os usuários de cartões de crédito a se proteger dos excessos. As operadoras agora são obrigadas a discriminar as compras totais, em reais, e os valores já comprometidos para os próximos meses. Assim será mais fácil conhecer o valor já gasto do limite do cartão, sem ultrapassar o limite de segurança.

Um mito que precisa ser combatido é o de que comprar tudo no cartão é um jeito eficaz de ter controle sobre os gastos mensais. Se você notar melhor, verá que a fatura indica apenas o nome da loja e o número de vezes em que a compra foi feita. Com isso, nem sempre é possível saber ao certo com o que você gastou naquele mês.

Portanto, prefira o Apontamento de Despesas, conforme proposto na Metodologia DSOP. Ele, sim, é um instrumento que pode lhe dar uma dimensão exata de como você vem gastando o seu dinheiro e mostrar o quanto do seu limite de compras já foi atingido ou ultrapassado.

O que é possível fazer para não entrar na areia movediça da parcela mínima do cartão?

Outro jeito eficaz de calcular o limite que você efetivamente pode manter no seu cartão de crédito é observar se você, de vez em quando, cai na armadilha de pagar apenas o mínimo do cartão.

Em princípio, a possibilidade de pagar apenas o mínimo existe para que, em caso de emergência – por exemplo, se você teve de direcionar a quantia programada para pagar o cartão naquele mês para outro fim, inadiável –, você ganhe um tempo para se reorganizar.

Digamos que ao longo do mês você tenha feito uma ou outra compra que cabia perfeitamente no seu planejamento de gastos, mas foi surpreendido por uma dor de dente e descobriu que precisava fazer um tratamento dentário com urgência. Claro que você não pensou duas vezes antes de se sentar na cadeira do dentista, afinal com dor não se brinca, em especial a de dente. Só que, ao se livrar da dor de dente, você adquiriu outra dor (no bolso), porque usou no pagamento do dentista o dinheiro reservado para quitar o cartão.

Naturalmente, o ideal seria que você tivesse uma reserva para emergências, justamente com esse fim. Não a tendo, é para casos assim que existe a tal parcela mínima do cartão. No mês em que teve a dor de dente, você paga o mínimo, reduz ao máximo os gastos no período e, no vencimento seguinte, quita a fatura completa ou, ainda, busca outra linha de crédito, com juros menores, evitando assim o pagamento das altas taxas de juros do cartão.

Mas, se pagar o mínimo tem se tornado uma constante na sua vida, você está avançando o sinal vermelho, está em perigo financeiro e ainda não se deu conta disso! Quando você paga somente a parcela mínima, na verdade está pagando praticamente apenas os juros, já que a dívida principal continua no rotativo, gerando novos juros no mês seguinte, sem diminuir.

Em situações como essa, você precisa urgentemente parar tudo e atualizar as bases do seu poder aquisitivo, recalculando seus rendimentos, priorizando suas dívidas de valor, definindo o saldo que você tem para adequar seu padrão de vida e revendo seus hábitos de consumo.

Se for esse o seu caso, a medida imediata mais prudente é pedir ao seu gerente que diminua o seu limite de cartão de crédito. Isso mesmo! Em geral, quando as pessoas se veem diante de dificuldades financeiras, a primeira coisa que fazem é pedir ao gerente que aumente seus limites, quando o correto deveria ser o contrário. Quando você não está conseguindo se organizar dentro dos limites que tem, de nada adianta ampliar sua linha de crédito no banco, pois isso certamente complicará ainda mais a situação.

Se tudo o que você tem conseguido pagar é a parcela mínima do cartão de crédito, talvez seja o caso, inclusive, de reduzir o limite total ao valor correspondente ao mínimo que você tem conseguido pagar.

Você pode me perguntar: "Mas, Reinaldo, como vou fazer minhas compras depois disso?". Se você não quiser que as compras realizadas no seu cartão de crédito se transformem numa dívida, e numa dívida que pode se tornar impagável em pouco tempo, você deve simplesmente diminuir as compras com o cartão de crédito para não exceder seus limites.

Caso você tenha mais de um cartão de crédito, é fundamental diminuir também o limite dos demais. Se tiver de manter, fique com apenas um deles, pois assim será mais fácil reorganizar as finanças, mantendo o foco e a atenção em um ponto único.

É lógico que o cartão de crédito também pode trazer benefícios, como premiações, bônus e principalmente o programa de milhagem, que muitas vezes é suficiente para viabilizar as viagens de férias da família. Mas de nada valerão essas vantagens se o uso rotineiro do cartão estiver fora de controle.

O risco dos múltiplos cartões

Aliás, é preciso ficar muito atento à armadilha dos múltiplos cartões. É muito comum que, ao ter dificuldade de pagar o cartão que vinha usando, você se lembre daquele outro, que chegou pelo correio e ainda não havia sido desbloqueado. O Governo proibiu as operadoras de cartões de crédito de enviá-los para o cliente sem a prévia solicitação deles. Caso isso aconteça com você, denuncie ao Banco Central.

Pense bem: se você já não está conseguindo pagar um dos cartões, o que acha que acontecerá se começar a gastar também em um segundo ou terceiro cartão?

Outra orientação importante é evitar o pagamento de taxas de anuidade. Ter vários cartões significa também várias parcelas anuais pagas aos bancos. E o que pouca gente sabe é que as operadoras de cartão de crédito concedem isenção total dessas tarifas, se você solicitar.

Caso você ainda não esteja isento, pode conseguir esse benefício com apenas uma simples ligação, solicitando reduções que podem chegar até mesmo ao custo zero.

O cuidado deve ser estendido também ao uso dos cartões de loja. A facilidade de comprar a perder de vista sem, com isso, comprometer o limite do cartão de crédito principal também costuma aumentar o endividamento.

Não é raro quem raciocine assim: "Vou fazer um cartão de crédito com a bandeira desse supermercado, assim concentro nele meus gastos com alimentação e fico com o limite do cartão de crédito livre para comprar outras coisas".

Na verdade, o que você está dizendo, em outras palavras é: "Vou fazer um cartão separado para as compras de supermercado, assim fico com uma margem maior para me endividar mais ainda no cartão de crédito principal". É um raciocínio absolutamente equivocado! Mas muita gente pensa assim.

Agora responda: A culpa é do cartão do supermercado, das lojas? Claro que não. Porém esses cartões são um perigo para quem não mantém as rédeas da sua vida financeira.

Em princípio, não haveria nenhum problema em ter o cartão de crédito do supermercado de sua preferência, reunir na mesma fatura seus gastos com alimentação e ainda aproveitar os benefícios, como descontos especiais e acumulação de bônus.

O problema é que, além de disponibilizar no seu orçamento geral um limite maior do que você pode pagar nos cartões, a maioria dos supermercados, hoje em dia, vende de tudo, de farinha de trigo a pneu de carro. Com essa diversidade de produtos ao alcance das mãos e um limite de parcelamento que cria a ilusão de que as prestações cabem no orçamento, os excessos na hora das compras são inevitáveis.

Você sai para comprar pães, frios, suco e sabão em pó e volta para casa com uma bicicleta ergométrica, uma nova roupa de ginástica e um par de tênis. Ou seja, com uma série de produtos comprados por impulso, que você não adquiriria se não tivesse a facilidade de parcelar no cartão da loja.

Se você conseguir pagar, ótimo. Porém, o mais provável é que essa compra amplie seu risco de endividamento, já que não se trata de bens essenciais e tampouco estava programada.

Talvez, nesse ponto da leitura, você esteja se sentindo desconfortável, ou mesmo desanimado, porque não seguiu nenhuma dessas orientações antes. Pode até ser que esteja pensando: "Puxa, eu fiz tudo errado e agora é tarde!".

Bem, em primeiro lugar: nunca é tarde para rever nossos conceitos e hábitos, sejam eles quais forem. Segundo: admitir o erro já é meio caminho andado para fazer diferente daqui em diante. Então, vamos caminhar juntos, olhando de perto o cenário de quem já está em situação mais crítica.

DÍVIDAS SEM VALOR

Já estou endividado porque não paguei as compras nos cartões de crédito em dia. E agora?

A sensação mais comum de quem carrega uma dívida pesada é a de que não conseguirá se livrar dela nunca. Mas, acredite, qualquer que seja o seu nível de endividamento, é possível reverter o quadro, desde que você esteja disposto a fazer o que for necessário.

Assim como já discutimos em relação às dívidas de valor (casa e carro), os primeiros passos são reconhecer o problema e avaliar seu grau de gravidade.

Feito isso, o sonho de se livrar das dívidas que não agregam valor à sua vida tem de ser a prioridade. Livrar-se das dívidas deve ser o seu maior sonho no momento. Mas não se trata de ficar sonhando de braços cruzados. Você precisa ter estratégia. Calcular o valor total da dívida, verificar as taxas de juros cobradas, estabelecer quanto do seu orçamento é possível disponibilizar para pagá-la. E definir o prazo necessário para quitá-la, sempre observando o que seu bolso consegue pagar.

Se o seu cartão de crédito está atrasado faz algum tempo, mas você ainda o mantém ativo, é sinal de que a situação poderá ser contornada mais facilmente. Afinal, se o cartão está ativado, significa que você não está totalmente inadimplente, com o nome negativado e sem margem de negociação.

Porém, mesmo nesse caso, é preciso que você tome imediatamente a decisão de não comprar mais nada no cartão até que a situação seja resolvida.

Inicialmente, pode parecer muito difícil, já que você está habituado a usar o cartão a tal ponto que o limite já foi, digamos, incorporado aos seus rendimentos.

Outro fator que dificulta a tomada de decisão é o de que, ao pagar mensalmente o mínimo ou um pouco além do mínimo da fatura, geralmente esse valor é novamente disponibilizado na forma de limite, e você o usa, novamente, mesmo sabendo que no mês seguinte não conseguirá pagar a fatura de novo. Provavelmente porque, a essa altura do caminho, seus rendimentos já devem estar totalmente comprometidos, sempre faltando dinheiro para pagar as despesas básicas.

Acontece que "empurrar com a barriga", quando se trata de cartão de crédito, equivale a apertar ao máximo o nó da forca financeira. Porque os juros sobre juros em pouco tempo tornam a dívida muito mais difícil de pagar.

Portanto, a atitude mais correta é ser radical e não usar o cartão em hipótese alguma, até que a dívida seja extinta. O tempo que vai demorar para isso acontecer dependerá de o quanto você deve e do valor que você conseguirá disponibilizar mensalmente para quitar o débito.

Mas, num aspecto, não há escapatória. Você precisará puxar o freio de mão em tudo o que se referir a consumo até quitar a dívida!

Veja que eu não disse simplesmente "pisar no freio", porque essa expressão daria a entender que, a qualquer momento, você poderia voltar a consumir numa velocidade igual ou maior do que a anterior. E essa não é a saída.

A solução da sua dívida dependerá diretamente da sua capacidade de parar tudo e reavaliar seu histórico financeiro, observando em que ponto da sua trajetória de vida as coisas começaram a sair dos trilhos. Isso significa também parar de comprar por tempo indeterminado.

Você pode dizer: "Mas como parar de comprar? Eu faço supermercado e pago com cartão de crédito, uso remédios contínuos e pago com cartão de crédito. E eu não tenho como parar de comprar essas coisas, certo?".

Claro que não estou sugerindo que você deixe de fazer supermercado ou de tomar seus remédios até pagar a dívida! Mas você terá de encontrar outra alternativa, outro meio de pagamento para fazê-lo.

Lembre-se: você não pode confundir cartão de crédito com dinheiro. O cartão é apenas um meio de pagamento. Só que esse meio de pagamento está lhe trazendo problemas. Portanto, você precisará substituir o cartão por outro meio.

A solução mais simples é passar a usar apenas o dinheiro em espécie (nem mesmo o cartão de débito, como veremos logo a seguir). Assim, você terá maior controle sobre os gastos.

A diferença entre essencial e supérfluo

Para que essa estratégia funcione, é preciso reunir a família, inclusive as crianças, e apresentar o problema de forma que todos possam participar da solução.

Comece a reunião em um clima agradável, falando sobre os sonhos de cada um e os sonhos da família. Procure mostrar que o problema da dívida se tornou um empecilho para a realização dos sonhos e, portanto, deve ser combatido por todos e para o bem de todos.

Mostre o quanto cada um pode contribuir com suas atitudes individuais, reduzindo gastos em excesso, eliminando o consumo de supérfluos, pesquisando preços, questionando cada despesa, trocando marcas "*tops*" por marcas similares e assim por diante.

Ressalte que, se vocês têm uma dívida, principalmente se for uma dívida sem valor, e querem se livrar dela, o jeito mais eficiente de atingir esse objetivo é reduzindo o consumo total das coisas sem valor que vocês costumam comprar e direcionando cada centavo dos recursos disponíveis para a quitação da dívida.

Nesse processo, um obstáculo que pode surgir é a dificuldade de diferenciar o essencial do supérfluo. Quando você passa um longo período comprando de forma inconsciente, fica com a sensação de que tudo é essencial. Mas, a rigor, as despesas essenciais são aquelas importantes para a sua sobrevivência e da sua família: alimentação, moradia, vestuário, transporte, água, luz e gás, basicamente. Viagens, passeios, brinquedos, cosméticos, salão de beleza, bebidas alcoólicas, jornais, revistas, livros, CDs, DVDs, figurinhas, chocolates, balas, chicletes, cinema, restaurante, lanchonetes etc., tudo isso pode ser cortado durante o período de ajuste do seu padrão de vida. E mesmo naqueles itens que você considerar essenciais, sempre haverá meios de economizar.

Você se habituou a fazer compras no supermercado mais caro da redondeza e passou a ter calafrios só de pensar em comprar numa loja mais popular? Acostumou-se a comer a pizza mais cara do bairro e sente-se derrotado só de pensar em fazer seu pedido naquela outra pizzaria, da esquina, mais barateira? Acabou se afeiçoando a determinada marca de sabão em pó e não abre mão dela, mesmo havendo outras, muito similares e mais baratas, à venda?Todos esses comportamentos precisarão ser combatidos com determinação para que você se livre da dívida decorrente do uso incorreto do cartão de crédito. E, acredite, você pode se surpreender positivamente ao aprender outros modos e perspectivas de consumir.

Do contrário, de nada adiantará o seu esforço de atacar esse endividamento específico. Se você não for capaz de identificar e combater também a causa da geração da dívida, e não apenas o efeito, como é de costume, assim que seus limites de crédito estiverem reestabelecidos, você certamente voltará a estourá-los.

Mas não se recrimine nem se martirize por ter feito a coisa errada até agora. É realmente difícil resistir ao assédio do consumo, às propagandas estrategicamente elaboradas que invadem sua casa e sua mente, por meio de anúncios extraordinários em revistas, jornais, na televisão e na Internet, oferecendo produtos de que você não precisa, para pagar em prestações que você não deveria ter...

Por isso é tão importante você se fortalecer, recuperar sua lucidez em relação a tudo o que se refere a consumo e concentrar suas forças e seus recursos financeiros naquilo que realmente tem valor: a recuperação da sua saúde financeira.

Caso você considere impossível manter a determinação de não comprar mais no cartão de crédito, o melhor a fazer é mandar cancelar mesmo. É difícil? Muito. Mas acredite que é o melhor a fazer.

Um jeito inteligente de se disciplinar para isso é se sentar com o gerente da sua conta e combinar um sistema de parcelamento do débito total, se possível com um bom desconto nos juros. Assim, enquanto estiver pagando o parcelamento, seu cartão ficará temporariamente desativado, de forma a impedir que você caia em tentação e volte a gastar sem poder.

Mas muito cuidado: o parcelamento da dívida do cartão de crédito tem de seguir os mesmos princípios descritos para o caso de repactuar a dívida da casa ou do carro. É preciso ter certeza absoluta de que o valor da parcela caberá na nova dinâmica financeira. Caso seja impossível pagar o parcelamento, ou seja, se o valor negociado com o gerente ainda não couber em seu orçamento, então você deverá ser enfático e dizer: "Devo; não nego. Pago quando e como puder", como veremos mais adiante.

Cheque especial ou dívida especial?

Se você perguntasse para todos os correntistas do Brasil se já recorreram pelo menos uma vez ao cheque especial, certamente quase 100% deles diriam um sonoro "sim". Se você perguntasse para as mesmas pessoas quantas delas sabem quanto já pagaram de juros de cheque especial ao longo de sua história bancária, a maioria absoluta não saberia o que responder. Se investigasse um pouco mais a fundo e pedisse às pessoas que explicassem resumidamente como funciona o sistema que está na base do cheque especial, a maior parte delas tampouco saberia dar a resposta prontamente.

Como já foi dito anteriormente, uma das principais razões do alto nível de endividamento do brasileiro é o analfabetismo financeiro, a incapacidade de refletir sobre suas escolhas financeiras e decidir com autonomia e consciência.

Usar o cheque especial sem ter noção exata das implicações e dos riscos dessa linha de crédito, sem conhecer em detalhes o funcionamento do sistema, é uma das faces do comportamento de risco financeiro mais comuns na cultura de endividamento.

O limite do cheque especial é uma linha de crédito pré-aprovada, que fica à disposição do cliente na conta-corrente e pode ser utilizada a qualquer instante. O chamado crédito fácil. A dificuldade da maioria das pessoas está em saber calcular as consequências do uso desse dinheiro, só aparentemente fácil, que está lá na conta-corrente, ao alcance da mão.

É claro que o banco não empresta o dinheiro dele por bondade. Trata-se de um negócio, como o cartão de crédito, o financiamento do automóvel e o da casa própria. Para que você use o cheque especial, o banco cobra juros. Juros proporcionais à quantia retirada e à quantidade de dias em que foi utilizada pelo correntista.

E aqui já começam as dificuldades, porque quase ninguém é capaz de calcular de cabeça o custo desse empréstimo. Na falta de um raciocínio mais preciso, a tendência é sempre fazer cálculos aproximados, em geral abaixo do valor real. É como comprar uma mercadoria sem saber nem ao certo o quanto se vai pagar por ela.

Pergunte a qualquer pessoa qual é a taxa de juros do cheque especial no seu banco. A resposta mais comum será: "Mais ou menos uns 10%". Quase ninguém sabe a taxa exata, até porque esses juros variam, dependendo das medidas econômicas adotadas no país, e têm diferenças de um banco para o outro.

Agora responda: Você compraria uma mercadoria se, ao perguntar para o vendedor o quanto ela custa, ele respondesse "mais ou menos 100, 110, 120 reais"? Certamente não.

Você só compraria depois de saber o preço exato. Portanto, antes de sacar aqueles 100, 200, 500 reais do seu limite, o ideal é pegar papel, caneta e calculadora, verificar a taxa exata cobrada pelo banco e colocar o valor exato, em números grandes, bem visíveis, na sua frente.

Só assim você poderá dizer que estava plenamente consciente do preço a ser pago por aquele dinheiro. Sim, porque, quando você pega 100 reais no seu limite de cheque especial, é como se estivesse comprando do banco esse valor, só que você está comprando 100 reais pelo preço de 110, 120, 130 reais.

Como toda mercadoria, os empréstimos bancários também têm preços que variam de uma instituição para outra. Umas são mais caras; outras, mais baratas.

Quando você pensa em abrir uma conta no banco, está comprando um serviço. Para prestar esse serviço, o banco estabelece o preço dele.

Cabe a você fazer uma boa pesquisa e decidir por aquele que melhor atender às suas necessidades, pelo custo mais baixo. E isso inclui a taxa do cheque especial. Procure comparar as taxas de juros e escolher a mais baixa possível, para que, ao precisar, você pague os juros mais baixos do mercado.

Outro raciocínio que impede as pessoas de perceber claramente o risco e o custo do uso inconsciente do cheque especial é pensar que 100 ou 200 reais de juros por mês não é assim tão pesado. Porém, se você raciocinar melhor e multiplicar o valor por 12 meses, verá que se trata de 1.200 reais, ou 2.400 reais ao ano, o que passa a ser muito significativo!

Veja abaixo o demonstrativo do pagamento de juros sobre a linha de crédito do cheque especial e, também, do mesmo valor aplicado na caderneta de poupança:

JUROS PAGOS NA LINHA DE CRÉDITO DO CHEQUE ESPECIAL - 12 MESES

Quantidade de parcelas	Base de cálculo (R$)	Porcentagem (%)	Juros (R$)	Valor com juros (R$)
1	1.200,00	10	120,00	1.320,00
2	1.320,00	10	132,00	1.452,00
3	1.452,00	10	145,20	1.597,20
4	1.597,20	10	159,72	1.756,92
5	1.756,92	10	175,69	1.932,61
6	1.932,61	10	193,26	2.125,87
7	2.125,87	10	212,59	2.338,46
8	2.338,46	10	233,85	2.572,31
9	2.572,31	10	257,23	2.829,54
10	2.829,54	10	282,95	3.112,49
11	3.112,49	10	311,25	3.423,74
12	3.423,74	10	342,37	**3.766,11**
Juros pagos				2.566,11

JUROS GANHOS NA CADERNETA DE POUPANÇA - 12 MESES

Quantidade de parcelas	Base de cálculo (R$)	Porcentagem (%)	Juros (R$)	Valor com juros (R$)
1	1.200,00	0,6	7,20	1.207,20
2	1.207,20	0,6	7,24	1.214,44
3	1.214,44	0,6	7,29	1.221,73
4	1.221,73	0,6	7,33	1.229,06
5	1.229,06	0,6	7,37	1.236,43
6	1.236,43	0,6	7,42	1.243,85
7	1.243,85	0,6	7,46	1.251,32
8	1.251,32	0,6	7,51	1.258,82
9	1.258,82	0,6	7,55	1.266,38
10	1.266,38	0,6	7,60	1.273,98
11	1.273,98	0,6	7,64	1.281,62
12	1.281,62	0,6	7,69	**1.289,31**
Juros ganhos				89,31

Outro parâmetro que mostra o que você perde pagando juros pelo uso do limite do cheque especial é notar que esse dinheiro seria suficiente para viabilizar vários dos seus sonhos – como um final de semana em um hotel, uma viagem de avião etc.

Só que, em meio à roda-vida das finanças desequilibradas, esses sonhos vão sendo "soterrados" por boletos, carnês, faturas de cartão de crédito, mais todos os juros, as taxas e as tarifas embutidos em cada dívida.

Um cálculo que quase ninguém faz é o de que, se você tem um rendimento mensal equivalente ao limite do seu cheque especial e usa esse limite sempre, a cada oito meses você está dando praticamente um salário ao sistema financeiro.

Se você é assalariado, trabalha 12 meses, recebe 13 salários, mas acaba ficando anualmente apenas com 11, porque dois deles são devorados pelos juros do cheque especial. Agora me diga: É um bom negócio?

É provável que, ao enxergar melhor essa questão, você responda que não. Portanto, evite ao máximo usar o limite do cheque especial. Se possível, nem o tenha.

Ou, então, só recorra a essa linha de crédito em casos emergenciais e se tiver certeza absoluta de que poderá repor a totalidade do valor utilizado em um curto período de tempo. Recomendo pesquisar em alguns bancos se existe a possibilidade de utilizar o limite do cheque especial por 10 dias sem nenhuma cobrança de juros.

Nunca se esqueça de que se trata de um dinheiro que não é seu. O dinheiro pertence ao banco. Você está emprestando. E, a cada dia que você deixar de repor o dinheiro emprestado, os juros estarão correndo, aumentando cada vez mais.

Você acha natural pedir dinheiro emprestado a alguém para ir ao cinema ou para jantar fora? Provavelmente não. Em geral, só temos coragem de tomar dinheiro emprestado de um parente ou amigo quando se trata de algo realmente justificável e urgente.

Pois use esse mesmo raciocínio quando pensar em pedir dinheiro emprestado ao seu banco, sacando-o do limite do seu cheque especial. Não use essa linha de crédito para financiar luxo e consumo. Bens e serviços supérfluos podem e devem esperar. Mantenha-se fiel ao que é essencial, e não lhe faltará dinheiro para pagar as suas dívidas de valor.

O uso moderado do cartão de débito

Outra maneira eficaz de evitar o agravamento da dívida no cheque especial é não usar sequer o cartão de débito. Isso mesmo!

Há quem faça o seguinte raciocínio: "Não vou usar o cartão de crédito, vou pagar tudo no débito. Assim evito os juros do cartão de crédito, que são os mais altos do mercado".

Essa opção é perfeita, se o saldo disponível no banco for realmente seu. Mas, se esse débito estiver saindo do limite do cheque especial, você estará "trocando seis por meia dúzia", pois a situação pode se complicar da mesma maneira, saindo do controle muito mais rápido do que você imagina.

Apesar de os juros cobrados no cheque especial serem relativamente mais baixos do que os juros do cartão de crédito, trata-se igualmente de um empréstimo. E a situação se tornará mais crítica ainda (como veremos a seguir) se você somar juros de cartão de crédito com juros de cheque especial.

A facilidade do débito *on-line* prejudica muito quem precisa manter as rédeas curtas no consumo, porque estimula a pessoa a usar o limite do cheque especial. Portanto, prefira pagar as contas essenciais no começo do mês e, a cada necessidade de compra, analise o seu verdadeiro saldo disponível, isto é, o dinheiro que lhe pertence, e não o dinheiro de seu limite de cheque especial, que não lhe pertence. Isso o ajudará a evitar que extrapole por uma ilusão de ótica: enxergar o dinheiro do banco como se fosse seu.

Se você insistir nesse caminho, a única coisa que irá conseguir será chegar mais rápido a uma situação de falência completa.

A leitura correta do extrato bancário

Os jovens, principalmente os que estão em início de carreira, devem tomar bastante cuidado com as facilidades imediatas dos pagamentos eletrônicos, como cartões de crédito, de débito e limite de cheque especial. Pela própria inexperiência na vida financeira, os jovens constituem um grupo facilmente influenciável pelo *marketing* publicitário e pelas facilidades de crédito.

Aqueles que estão no primeiro emprego, por exemplo, geralmente recebem salários baixos, praticamente uma ajuda de custo para iniciar a vida profissional.

Mas nem por isso eles deixam de ser visados pelas grandes empresas, que focam muitas das suas propagandas na juventude, vendendo uma imagem ideal de vida e associando-a ao fato de beber determinado produto, dirigir certo tipo de carro ou vestir tal marca de roupa. Como a maioria desses produtos é incompatível com a realidade financeira de quem está em início de carreira, o jovem tende a incorporar o limite do cheque especial e do cartão de crédito disponibilizado pelos bancos aos seus rendimentos, usando-o logo no início de sua vida bancária.

Para cobrir uma compra aqui e outra ali, entra no limite do cheque especial. Ao mesmo tempo, usa o cartão de crédito para pagar uma roupa ou um tênis que, de outra forma, não caberia nos seus rendimentos mensais. Compra com a intenção de pagar depois, sem perceber as consequências desse comportamento no médio e no longo prazos.

À medida que o tempo passa, quando chega o dia de receber o pagamento, todo o dinheiro já está comprometido. Não demora muito, esse jovem passa a pagar o mínimo do cartão, além dos juros no cheque especial. O salário, que já era pouco, fica mais curto ainda.

DÍVIDAS SEM VALOR

A face cruel desse processo é que o jovem, antes de começar a trabalhar, não tinha dívida e, assim que inicia sua vida profissional, entra no ciclo de endividamento. A consequência mais natural é que se torne um adulto endividado e frustrado, que se sente malsucedido, sem perceber que isso é resultado de um comportamento financeiro inadequado, adquirido desde o seu primeiro ano de vida profissional.

O problema é que a maior parte das pessoas não sabe ler o extrato bancário como ele deveria ser lido. Isso porque a expressão "limite disponível", utilizada pela maioria dos bancos, ajuda a criar a ilusão de que todo o dinheiro é seu, quando na verdade não é; somente parte dele lhe pertence.

Quando você olha o saldo na tela do computador ou do caixa eletrônico, tudo o que você enxerga é o limite disponível, quando na verdade deveria se concentrar no que alguns bancos chamam de "limite disponível para investimento".

Esse, sim, é um dinheiro seu, que está, como o próprio banco diz, disponível para que você invista: no pagamento de suas dívidas de valor, na compra de algum bem essencial, em algum presente que você queira dar a si mesmo ou a alguém – e, ainda, o que seria ideal, disponível para que você invista em seus sonhos.

Portanto, por mais tentador que seja, você não pode usar o limite disponível no banco como se fosse seu, para complementar aquele período mais difícil do final do mês, quando o seu dinheiro de verdade já acabou, e o mês ainda não.

Leia o extrato bancário como ele deve ser lido. Se necessário, imprima uma vez por semana o extrato e escreva em azul MEU DINHEIRO onde está o seu saldo real, e em vermelho DINHEIRO DO BANCO onde aparecer o valor disponível do limite.

Quando seu dinheiro acaba antes do final do mês, é evidente que você gastou mais do que podia. Se assim for, o melhor a fazer é simplesmente ignorar a existência do limite do cheque especial quando consultar seu saldo no caixa eletrônico ou na Internet.

Caso seja impossível para você agir dessa forma, peça ao seu gerente que zere o seu limite até que você esteja novamente de posse das rédeas da sua vida financeira.

A maioria dos bancos dispõe de uma linha de crédito mais barata para parcelar a dívida acumulada no cheque especial. Portanto, se o uso do seu limite saiu do controle, não perca tempo. Procure seu gerente e parcele o débito do cheque especial em quantas vezes for necessário para que você possa quitá-lo. Mas se lembre: as prestações deverão caber em seu orçamento financeiro mensal, por isso é melhor alongar o tempo do que fazer o acordo e não conseguir honrá-lo. Não se esqueça de solicitar o cancelamento de seu limite e seja enfático ao não querer mais esse valor "disponível" em sua conta bancária.

"Mas, Reinaldo, como é que eu vou passar a viver sem esse limite? Vai ser como ter uma redução no meu rendimento!", você poderá dizer.

Não se iluda. Esse dinheiro não era seu, não fazia parte do seu salário e, cedo ou tarde você teria de arcar com a responsabilidade pelo uso indevido. Então, quanto mais cedo melhor.

Acredite. A partir do acordo feito, ou seja, do parcelamento do limite em prestações alongadas, com juros médios de 2,5% ao mês, você terá a condição de receber seu salário integral no próximo mês, sem o drama do cheque especial. Com isso, poderá se restabelecer por inteiro, ou seja, terá novamente condições de assumir o comando de sua vida financeira, ficando apenas a parcela mensal do empréstimo e o restante do seu ganho para administrar melhor, com consciência e prudência. E, em alguns meses, poderá aplicar esse valor destinado ao pagamento das dívidas nos seus verdadeiros sonhos.

DÍVIDAS SEM VALOR

Já incorporei o limite do cheque especial ao meu salário e não consigo me livrar dessa armadilha. O que fazer?

Toda orientação dada até aqui funciona muito bem se você ainda não tiver caído na armadilha comum de incorporar psicologicamente o valor do limite do cheque especial, ou parte dele, ao seu salário. Passar de uma linha de crédito para outra, enrolando-se cada vez mais, é quase sempre a consequência natural de um processo de desequilíbrio financeiro que não foi combatido na fonte e cuja gravidade vai aumentando gradativamente, até sair completamente do controle.

Em geral, a ciranda financeira segue o seguinte compasso: se a prestação da casa ou do carro (mal dimensionada, como vimos no primeiro capítulo) está difícil de caber no orçamento, você passa a pagar todas as demais despesas (supermercado, gasolina, farmácia etc.) no cartão de crédito, imaginando que assim sobrará recurso para pagar as suas principais dívidas (casa e carro).

Dentro de poucos meses, no entanto, você já não consegue mais quitar a fatura do cartão. A solução mais imediata parece ser pagar apenas as parcelas mínimas, até que a situação se resolva, até que entre algum recurso extra e você possa pagar tudo, livrando-se da dívida.

Como isso não acontece, a certa altura você se vê obrigado a recorrer também ao cheque especial. Não raramente, paga o mínimo do cartão de crédito com o limite disponibilizado pelo banco, financiando o consumo cotidiano a juros altíssimos.

Chega o começo do outro mês e a história se repete. Você recebe o salário e, logo que esse crédito entra na sua conta-corrente, o valor recebido é suficiente apenas para cobrir o limite do cheque especial, que já foi utilizado no mês anterior. Junto da compensação do crédito, aparece na sua conta o débito referente aos juros do período. Com isso, o valor total que você teria disponível para usar torna-se ainda menor. Descontada a parcela mínima do cartão de crédito, não sobra praticamente nada, nem mesmo do limite. Sem outra alternativa, você deixa de pagar a prestação da casa ou do carro para tentar remediar a situação com o banco.

Quando se dá conta, você já está endividado de todos os lados, correndo o risco de ficar totalmente inadimplente e não ter mais linhas de crédito às quais recorrer. Ou seja, está preso a uma armadilha.

Em momentos assim, há pessoas que chegam ao extremo de provocar a própria demissão da empresa, acreditando que, ao receber os direitos trabalhistas, poderão colocar as dívidas em dia e ainda receber o benefício do seguro-desemprego até arrumar um novo trabalho.

Mas, mesmo que o dinheiro seja suficiente para quitar todo o endividamento, é mais provável que a pessoa volte a se endividar dentro de pouco tempo, já que focou seus recursos no sintoma, não na causa do problema.

Há ainda aqueles que, no desespero, buscam mais dinheiro emprestado, junto a financiadoras que cobram juros ainda mais altos que os bancos. Como já estão endividados bem acima da sua capacidade de pagamento, podem até conseguir algum crédito, mas o custo dos juros será quase extorsivo.

Esse é, literalmente, o fim da linha, porque quem recorre a esse tipo de crédito já está endividado até o pescoço, sem conseguir pagar nem mesmo as despesas mais essenciais do dia a dia. O que fazer?

Uma das dificuldades é justamente o fato de que dívidas levam a mais dívidas, e, enquanto estão envolvidas nesse ciclo, as pessoas não conseguem perceber a necessidade de estancar o endividamento e nem como fazê-lo.

O mais comum é que só parem tudo ao chegam ao "fundo do poço", e ao "fim da linha", depois de ter esgotado todas as possibilidades, como no exemplo acima. Mas não precisaria ser assim...

Quando você começa a se desequilibrar, mas se conscientiza logo disso, a situação não se agrava. Porém, quando você fica se enganando, achando que, de um dia para o outro, tudo pode mudar, sem fazer nada efetivamente para isso, a tendência é a derrocada total.

Se esse é o seu caso, a única solução possível é romper drasticamente com o seu comportamento até aqui e mudar completamente a forma de lidar com o problema. Lembre-se, às vezes é necessário chegar ao fim do poço para poder olhar para cima com mais clareza e traçar a estratégia para subir de volta.

Imaginemos então que você chegou a esse ponto. Não vê mais saída e acha que tudo está irremediavelmente perdido. É hora de partir para o combate, declarar guerra e abrir confronto aberto contra o endividamento. Mas sem se esquecer dos sonhos. Quando se cria uma estratégia para sair das dívidas, ainda assim é necessário manter os sonhos vivos.

Portanto, o seu principal sonho é sair da dívida, mas insira na sua estratégia recursos para realizar pelo menos outros dois sonhos, um de curto prazo (até um ano), outro de médio prazo (até 10 anos) e um de longo prazo (acima de 10 anos). Um desses três sonhos deve ser o de sair das dívidas, os outros dois devem ser a motivação para você seguir em frente, sem perder a esperança. Do contrário sua vida se resumirá a viver para pagar as dívidas, e ninguém vive bem se não tiver a perspectiva concreta de poder realizar os sonhos.

3

QUEBRANDO O CICLO

Combate direto à causa

A essa altura, você pode estar pensando que essas orientações todas fariam muito sentido se você já não estivesse na situação crítica em que está. Mas agora, que você já virou refém das instituições financeiras, que suas dívidas de valor e sem valor já fugiram completamente ao controle, essas dicas de nada adiantam... Engano seu.

Quem faz parte do grupo de pessoas que entrou nessa situação financeira fica quase sempre preso a ela, por não conseguir raciocinar direito enquanto está no "olho do furacão", sem achar uma brecha por onde escapar. E é natural pensar que não há solução. Isso porque o endividamento é realmente como uma rua sem saída: uma vez que você entrou nele, terá de refazer todo o caminho que o levou até lá para só então poder voltar ao ponto de origem. É preciso combater a verdadeira causa do problema financeiro, não mais o efeito, como a maioria das pessoas sempre faz!

Quando tomam a via errada, financeiramente falando, o mais comum é que as pessoas fiquem dando voltas e mais voltas, até compreender que o único caminho possível para se encontrarem novamente é mudar de comportamento.

O primeiro passo é você ter a coragem de assumir para si mesmo que está quebrado e precisará de um tempo para se refazer. Um dos medos que surgem nesse momento é o da negativação do nome nos sistemas de proteção ao crédito, algo que parece um bicho de sete cabeças.

Ainda hoje há quem use a expressão "ficar com o nome sujo" para se referir à possibilidade de ter o nome incluído na lista de inadimplentes, o que só faz a sensação de fracasso aumentar. Mas, sempre que se negativa um nome, a situação pode ser revertida imediatamente após o parcelamento ou a quitação das dívidas. Trata-se, é claro, de uma expressão pejorativa, que não deveria ser usada. Mas, se existe, é preciso enfrentá-la, assumindo a responsabilidade com dignidade. O famoso: "Devo, não nego. Pago quando e como puder".

Outra reação provável, principalmente para quem não imagina a possibilidade de viver sem consumir, é: "Mas o que eu vou fazer da minha vida sem cartão de crédito, sem talão de cheques, sem a possibilidade de realizar um crediário?". A resposta é: você vai, exatamente por estar sem esses mecanismos, refazer as bases da sua vida financeira, construir um alicerce mais sólido para a sua existência, daqui em diante.

Outra parte difícil da história costuma ser o momento de assumir a questão e comunicar à família, admitindo que você está com problemas financeiros, que falhou na administração das finanças. Realmente, não é fácil. Há até quem se complique muito mais do que seria necessário simplesmente pelo fato de não ter coragem de compartilhar as dificuldades com esposa ou marido, por exemplo. Assim como existem filhos que desde cedo se veem endividados e não têm coragem de abrir o jogo com os pais, e assim por diante.

Acredite: quanto mais cedo você estiver disposto a reconhecer o problema, não só para si, mas também para os outros, conversando com seus familiares, mais rápido você poderá reverter a situação. Você precisará da compreensão deles. Não dá para mudar seu jeito de lidar com as finanças de um dia para o outro sem comunicar às pessoas que convivem com você de perto, diariamente, e explicar a elas o que está acontecendo.

O melhor a fazer é, em primeiro lugar, marcar uma reunião familiar, expondo claramente a situação. Não se sinta envergonhado. Todo mundo passa eventualmente por uma crise. Vergonhoso seria abandonar o barco em plena tempestade. Ou simplesmente não fazer nada. Portanto, segure o leme e vá em frente. Procure falar sobre sonhos que podem se realizar no futuro, quando tudo voltar ao normal e estiver sob pleno controle.

Mostre aos seus familiares que a forma e o ritmo de consumo de vocês se tornou insustentável e proponha uma mudança imediata, suspendendo todo e qualquer gasto que não seja essencial e que não agregue valor neste momento. Com a participação deles, tudo será mais fácil.

Em vez de se deprimir, achando que está sendo fraco perante sua família, tenha certeza de que você estará na verdade dando um excelente exemplo de dignidade e força, assumindo seus limites e tendo coragem e determinação para enfrentar o problema de cabeça erguida e dar a volta por cima.

O importante é tomar as rédeas da sua vida financeira com relação aos hábitos e costumes, incluindo toda a família nisso. É preciso mudar radicalmente o comportamento em relação ao dinheiro, o que inclui alterar a forma e os hábitos segundo os quais a família toda compra e consome.

Pense bem: se você até hoje vem fazendo as coisas de um jeito e não teve êxito, é preciso mudar mesmo. Não há outra alternativa. É "mudar ou mudar". O alicerce da mudança é o comportamento. E não tem essa de começar na segunda-feira. É preciso começar agora, após a leitura deste livro. Coloque tudo em prática!

O tamanho do problema

Conscientização e atitude são as palavras-chave. Depois de assumir para si mesmo o fato de estar numa situação realmente complicada, é hora de fazer o diagnóstico preciso do nível de endividamento.

Faça um levantamento detalhado de todas as suas dívidas,

incluindo o nome do credor, o valor devido, as taxas de juros, o prazo e a característica. Feita a primeira lista, separe os itens em "essenciais" (como água, luz, telefone, condomínio) e "não essenciais" (como um contrato de TV a cabo ou o celular dos seus filhos, se eles tiverem), por exemplo. Analise todos os gastos, tendo certeza de que você tem condições de reduzir, em média, 25% do valor de todos eles e, em alguns casos, até mesmo eliminá-los.

A regra é simples. Você terá de priorizar o pagamento das contas essenciais, evitando o corte de fornecimento de serviços indispensáveis, por exemplo, e só então pensar nos demais compromissos.

Veja, no quadro abaixo, o exemplo de como realizar o controle de suas dívidas e começar a se organizar para fazer a renegociação:

DÍVIDA – DESCRIÇÃO				RENEGOCIAÇÃO			
Dívida	Credor	Total	Taxa de juros	Parcelas	Valor	Taxa negociada	Total da dívida
Cheque especial	Banco Y	R$ 1.000,00	9%	12	R$ 94,56	2%	R$ 1.134,72

DÍVIDA – DESCRIÇÃO				RENEGOCIAÇÃO			
Dívida	Credor	Total	Taxa de juros	Parcelas	Valor	Taxa negociada	Total da dívida

Pensar primeiro, agir depois

Se estiver perto da data de recebimento dos seus rendimentos, apresse-se, junto ao gerente de sua conta bancária, para que essa primeira entrada seja usada na retomada do seu controle financeiro. Lembre-se de que não devemos pensar somente nas dívidas em si, mas em uma estratégia para sair delas. Pagar os credores sem nenhum critério não resolverá o problema. Estar endividado é consequência de atitudes mal pensadas, mais compras equivocadas ao longo de sua vida; portanto, é preciso primeiro analisar, levantar todas as alternativas e só depois pagar. Pense primeiro e deixe para agir depois.

Se você recebe seu dinheiro por transferência eletrônica, verifique a possibilidade de que a forma de pagamento seja alterada já a partir do mês corrente. Recebendo em cheque ou dinheiro, você evita que o banco debite automaticamente os valores devidos de juros, inviabilizando assim o início do ataque às dívidas.

Em seguida, analise suas dívidas, verificando quais têm taxas mais altas. Provavelmente, o que você vai constatar é que as taxas mais altas são as dos empréstimos adquiridos junto ao sistema financeiro: cartão de crédito, cheque especial, empréstimo *on-line* etc.

Se assim for, o primeiro credor que você deve procurar é o banco. Converse com seu gerente, mostrando a ele a situação real em que você se encontra e solicitando que junte num mesmo pacote as suas dívidas de cheque especial, cartão de crédito e demais empréstimos, se houver.

O objetivo imediato é estancar o processo de aumento da dívida, interrompendo a cobrança de juros sobre juros.

O passo seguinte é negociar com o gerente a obtenção de uma linha de crédito diferente, mais alongada, com juros médios de 2,5% ao mês e cuja prestação seja menor do que o valor total dos juros que você pagava mensalmente.

Digamos que você vinha pagando 300 reais de juros no cheque especial, 400 reais no cartão de crédito e 200 reais no empréstimo *on-line*. Só que o valor total de 900 reais de juros por mês estava inviabilizando o pagamento das suas outras despesas. O ideal é que a parcela do acordo feito com o banco seja a menor possível em relação aos 900 reais. Digamos, 30% disso (300 reais).

Se, ao fazer seus cálculos com base no diagnóstico da sua situação financeira, você concluir que pode pagar um pouco mais, ótimo. Quanto mais recurso disponível para quitar a dívida, menor será o prazo para que você tenha sua liberdade financeira de volta. Mas seja prudente e realista com suas possibilidades.

Juros e valor principal

Em algum momento, você pode argumentar: "Ah, mas, se eu vou continuar pagando 300, 500 ou 600 reais mensais para o banco, não adiantará nada, não mudará em nada meu endividamento".

Aí é que você se engana. A diferença é que, a partir do acordo feito com o banco, você passará a pagar não mais apenas os juros, e sim o valor principal, fazendo com que a dívida seja efetivamente liquidada ao longo do tempo. Além disso, por não ter mais os meios de pagamento que complicaram sua vida financeira, a tendência natural é que você gaste muito menos.

Agora, se mesmo uma pequena parcela, no prazo alongado, com juros a 2,5%, não couber no seu orçamento mensal, não faça o acordo. Do contrário, já no primeiro mês de atraso você estará pagando juros novamente.

Caso seu gerente se recuse a abrir essa nova linha de crédito, ou você perceba que é impossível assumir a prestação, não se abale. Lembre-se da frase: "Devo, não nego, pago como e quando puder".

Você já deve imaginar que a consequência será a negativação do seu nome. Mas não se desespere. Essa etapa faz parte do processo de reestruturação. Às vezes, para curar uma ferida, é preciso abri-la um pouco mais, para administrar o remédio certo, e só então esperar que ela cicatrize por definitivo.

"Mas, Reinaldo, como é que eu vou ficar com o meu nome sujo? Não vou ter mais crédito?", você pode perguntar. É exatamente isso que terá de acontecer. Porque foi o crédito, usado de forma não consciente, que o levou a esse ponto. Portanto, muita calma nessa hora.

Você estará com o seu nome negativado, mas, ao retomar o controle do seu dinheiro, será possível ter de volta a sua capacidade financeira integral e, a partir disso, limpar seu nome gradativamente, negociando suas dívidas em bases que sejam compatíveis com a sua nova realidade, pagando o valor principal da dívida, e não apenas os juros.

À medida que a situação for sendo resolvida, seu nome será retirado da lista dos inadimplentes. O simples parcelamento da dívida já é suficiente para que uma eventual negativação ou protesto seja eliminada. Mas não esqueça que qualquer parcelamento de dívida precisa ser feito de forma consciente, porque no fundo se trata de um refinanciamento do valor devido. Por isso, mais do que nunca é fundamental que ele caiba no orçamento. Pois – nunca é demais repetir – , caso contrário, você pode se enrolar novamente em questão de meses.

Poupar para pagar

Se não houver possibilidade de acordo com a instituição financeira, é preciso mudar a estratégia. Pensando nisso, é necessário que você comece imediatamente a guardar dinheiro, para que, mais adiante, ao ser procurado pelas empresas de recuperação de crédito contratadas pelos bancos, você possa fazer a negociação para quitar as dívidas em condições e valores significativamente menores do que o valor inicial devido.

A maioria das pessoas acha estranho falar em poupar quando se tem dívidas e imagina que uma coisa é incompatível com a outra, mas não é. Mesmo quando se tem dívidas que estão em atraso, o hábito de poupar deve ser preservado, pois é dele que virá inclusive sua força de negociação.

Do contrário, por não conseguir entrar em acordo com o credor, a tendência é que o dinheiro que deveria ser destinado para sanar o débito caia na roda-viva do consumo e desapareça, fazendo com que o endividamento aumente ao longo do tempo.

Poucas pessoas sabem, mas as empresas de recuperação de crédito têm autonomia para dar descontos sobre as dívidas de 30%, 40%, 50%, chegando até a 80% ou mais do total devido.

Caso seja necessário, procure um advogado especializado em negociação de dívidas ou um educador financeiro para ajudá-lo. Lembre-se sempre de que cada real que você ganhar na negociação dos valores devidos significará menos tempo para resolver o problema e poder dar início a uma nova vida financeira, mais saudável e sustentável.

A saída pelo crédito consignado

Essa modalidade de crédito tem se popularizado no Brasil e pode ser uma ferramenta eficiente para quem está endividado. Trata-se de um empréstimo cujas parcelas são descontadas diretamente na folha de pagamento, sistema muito utilizado por trabalhadores de grandes empresas, funcionários públicos e aposentados do INSS.

Em alguns casos, ele acaba funcionando como uma espécie

de "rota de fuga" para você se livrar das taxas de juros mais altas, como cartão de crédito e cheque especial.

Digamos que a sua tentativa de negociação no banco não deu certo: seu gerente não aprovou uma nova linha de crédito, com juros mais baixos, para juntar num só pacote seu endividamento bancário. Se a sua empresa permite que você faça um empréstimo consignado, essa pode ser uma boa saída, desde que você tenha consciência plena de o quanto do seu rendimento líquido poderá ser comprometido com esse novo crédito. Essa tem de ser uma nova estratégia, não uma simples troca de credor.

Mas não esqueça: se você vinha tendo dificuldades de viver com 100% do seu ganho líquido mensal, ficará naturalmente mais difícil viver com apenas 70% desse líquido, caso você faça um empréstimo consignado que desconte 30% dos seus rendimentos mensais.

Uma categoria profissional que precisa redobrar os cuidados ao optar por essa saída são os funcionários públicos, cujos limites para tomar empréstimos consignados são flexibilizados. Isso os deixa expostos ao risco de comprometer quase a totalidade de seu salário. Ou seja, podem chegar a ficar sem salário para receber, em razão do desconto das prestações do crédito consignado.

Outro fator essencial é, além de adequar seu padrão de vida a um rendimento líquido menor, ser absolutamente fiel ao objetivo de usar o empréstimo para quitar a dívida, e não desviá-lo para outros fins em hipótese alguma.

Não raramente, após o choque de realidade que têm ao assumir que estão quebradas, as pessoas podem adquirir uma postura meio inconsequente, achando que, se tudo já está arruinado, não há mais nada a perder. Se nesse período elas tiverem acesso a um volume de dinheiro considerável, podem cair na tentação de achar que merecem fazer um agrado a si mesmas, ao cônjuge ou aos filhos. Daí a desviar parte do dinheiro que deveria ser usado para a realização de seus verdadeiros sonhos, entre eles o sonho de quitar a dívida, é um passo.

Portanto, seja firme. Não gaste um único centavo do novo empréstimo para nada além de pagar as dívidas conforme a estratégia adotada. Lembre-se de que, uma vez tomado o novo crédito, você só poderá sair dele ao quitar totalmente a nova dívida. Isso porque o empréstimo consignado está diretamente vinculado ao seu salário ou ao seu benefício (no caso dos aposentados pelo INSS). Sendo assim, você não terá a menor chance de interromper o pagamento.

O lado negativo é que tomar a decisão do empréstimo consignado como estratégia para sair das dívidas sem valor é "dizer adeus" à liberdade de negociação, já que o desconto na folha de pagamento diminui as margens de negociação com as instituições bancárias.

E, acima de tudo, não se iluda! De nada adiantará você migrar para essa nova linha de crédito sem fazer uma revisão minuciosa do seu orçamento completo, considerando todos os gastos, conforme proposto na Metodologia DSOP.

Achar que um novo empréstimo, por si só, resolverá a sua situação é o maior engano que você pode cometer. Pensando e agindo assim, você estará, do mesmo jeito, combatendo apenas o efeito do problema do endividamento, e não a causa, que é a falta de educação e de controle financeiro.

Uma vez tomado o crédito consignado, coloque-o como prioridade no seu orçamento. Nesse caso, o pagamento da dívida estará por algum tempo ocupando o lugar que seria destinado a um dos seus sonhos. Mas, se você está de fato endividado, certamente o maior sonho da sua vida, neste momento, é livrar-se das dívidas, e é assim que tem de ser. Embora, mesmo endividado, você deva ter claro pelo menos dois sonhos de curto, médio ou longo prazo, para mantê-lo motivado enquanto recupera a sua saúde financeira.

A portabilidade de crédito pode ajudar a diminuir a dívida?

Toda pessoa que tem dívidas sabe que a maior dificuldade de sair delas é vencer o "rolo compressor" do pagamento de juros. O que muito poucos sabem é que essas taxas de juros variam para mais ou para menos, dependendo do momento econômico e da estratégia de negócios adotada pela instituição financeira.

Em outras palavras, as dívidas podem se tornar mais caras ou mais baratas em função da instituição para a qual você deve. Isso significa que outra possibilidade de fugir dos juros altos é transferir sua dívida do banco A para o banco B e, com isso, diminuir o volume de juros a pagar, o que pode ser uma vantagem e estratégia para quem está endividado.

Essa troca é conhecida também por portabilidade de crédito. De forma simplificada, a operação permite o transporte do seu saldo devedor para outro banco, que ofereça melhores condições contratuais que o banco original.

Digamos que você tenha feito um acordo com o seu banco, reunindo todas as suas dívidas (cartão, cheque especial e crédito on-line) num único pacote e parcelando-o em 24 meses, a uma taxa de juros de 2,5%. Aí você descobre que o banco do seu colega de trabalho oferece o mesmo parcelamento, pelo mesmo prazo, porém cobrando uma taxa de 2,0% ao mês. Em um caso como esse, você pode ter um ganho expressivo ao pagar menos juros, o que, inclusive, ajudará a quitar a dívida mais rápido.

Outra vantagem da portabilidade de crédito é a simplicidade da operação. Após escolher a nova instituição financeira com a qual você irá operar e assinar os documentos necessários, o novo banco quita seu saldo devedor junto ao banco original, transferindo o valor total da sua dívida eletronicamente para a nova instituição. Automaticamente, sua dívida passará a pertencer ao novo banco, de acordo com as condições que você negociar, digamos, à taxa de 2,0% ao mês, durante 24 meses, como no exemplo anterior.

Se você tem dívidas alongadas, pode anualmente realizar pesquisas para comparar as taxas cobradas pelas instituições e, se for vantajoso, usar a portabilidade para diminuir o volume de juros pagos, mudando de banco quantas vezes for necessário. Mas é importante saber que a simples troca de instituição não resolverá o problema das dívidas. A melhor maneira de evitar o pagamento de juros é criar o hábito de poupar antes de gastar.

Quando você entra em uma nova dívida, está comprometendo seus rendimentos e, em algum momento, inevitavelmente terá de pagar o preço por ter feito essa escolha na vida. Se não for hoje, será no futuro. A escolha é sua.

VISÃO MÍOPE:
Vê a falta de dinheiro como vilão.

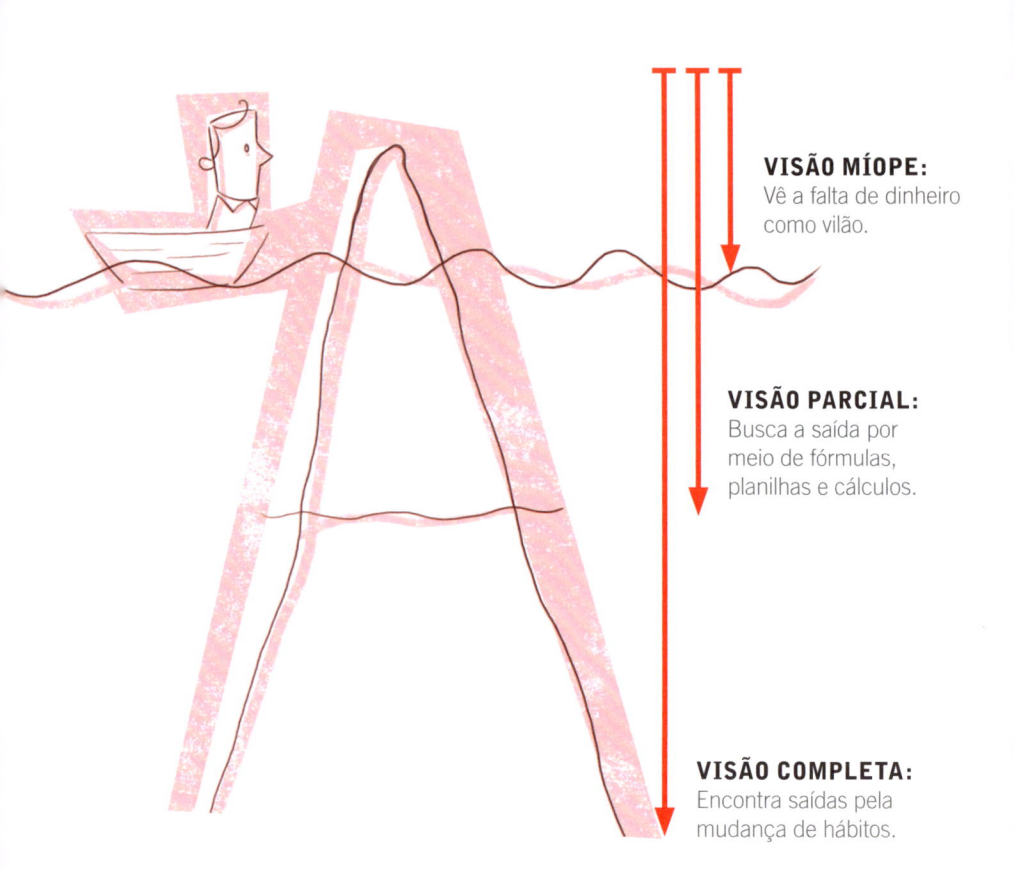

VISÃO PARCIAL:
Busca a saída por meio de fórmulas, planilhas e cálculos.

VISÃO COMPLETA:
Encontra saídas pela mudança de hábitos.

O iceberg do endividamento

Como vimos ao longo deste livro, o problema do endividamento é como um imenso *iceberg*, que se forma silenciosamente, ao longo do tempo e, quando se deixa ver por inteiro, adquire uma dimensão assustadora. Ao deparar com ele e ter de enfrentá-lo, é comum que as pessoas enxerguem apenas sua ponta. Isto é, tenham uma visão míope sobre o problema e, por isso, passem a atacá-lo de forma ineficiente, focando apenas no dinheiro e imaginando: Se não tenho dinheiro suficiente para pagar a dívida, não tem saída.

Outro erro comum é achar que, se ganhassem mais, teriam menos dívidas e não estariam na situação de desequilíbrio em que se encontram. Mas, na prática, não é isso o que acontece. Se você não tiver um comportamento saudável em relação ao dinheiro, estará endividado se ganhar mil reais, 10 mil reais ou 100 mil reais por mês.

Há ainda aqueles que têm uma visão um pouco ampliada, mas, mesmo assim, apenas parcial do problema. São as pessoas que acreditam que, para adquirir o controle do seu dinheiro e ter uma vida próspera, sem dívidas, precisam de cálculos e planilhas complicadíssimas, focando todos os seus esforços em estratégias matemáticas.

Mas o que em geral acontece com quem foca esforços apenas nesse aspecto é ficar preso aos números, refém das fórmulas. Quem age assim pode até conseguir viver sem dívidas, mas viverá também sem realizar seus sonhos, deixando as conquistas e os prazeres da vida sempre em último plano.

A verdade é que as gerações passadas não receberam orientações sobre como lidar com o seu dinheiro, o que tende a levá-las ao endividamento. Daí a importância de se inserir a educação financeira na vida das pessoas desde a infância.

Dessa forma, criamos desde cedo o hábito de poupar antes de gastar, combatendo a causa do problema e criando um comportamento mais saudável que durará para a vida toda.

No seu caso, se até agora tudo o que você fez foi tentar conter apenas a ponta ou a parte mais visível do *iceberg* do endividamento, esta é a hora de mudar hábitos e comportamentos para dar a grande virada!

Os 10 mandamentos para quem não quer se endividar nunca mais

1. Fazer um diagnóstico financeiro anualmente

2. Ter no mínimo três sonhos (curto, médio e longo prazos)

3. Elaborar um Orçamento Financeiro DSOP mensal

4. Poupar mensalmente parte do que ganha para os sonhos

5. Gastar menos do que ganha

6. Ter limites de cartão de crédito inferiores a seus rendimentos

7. Não usar cheque especial, se possível nem ter

8. Manter reservas para situações emergenciais

9. Distinguir o que é essencial do supérfluo

10. Comprar sempre à vista e com desconto

Ciclo do Endividamento

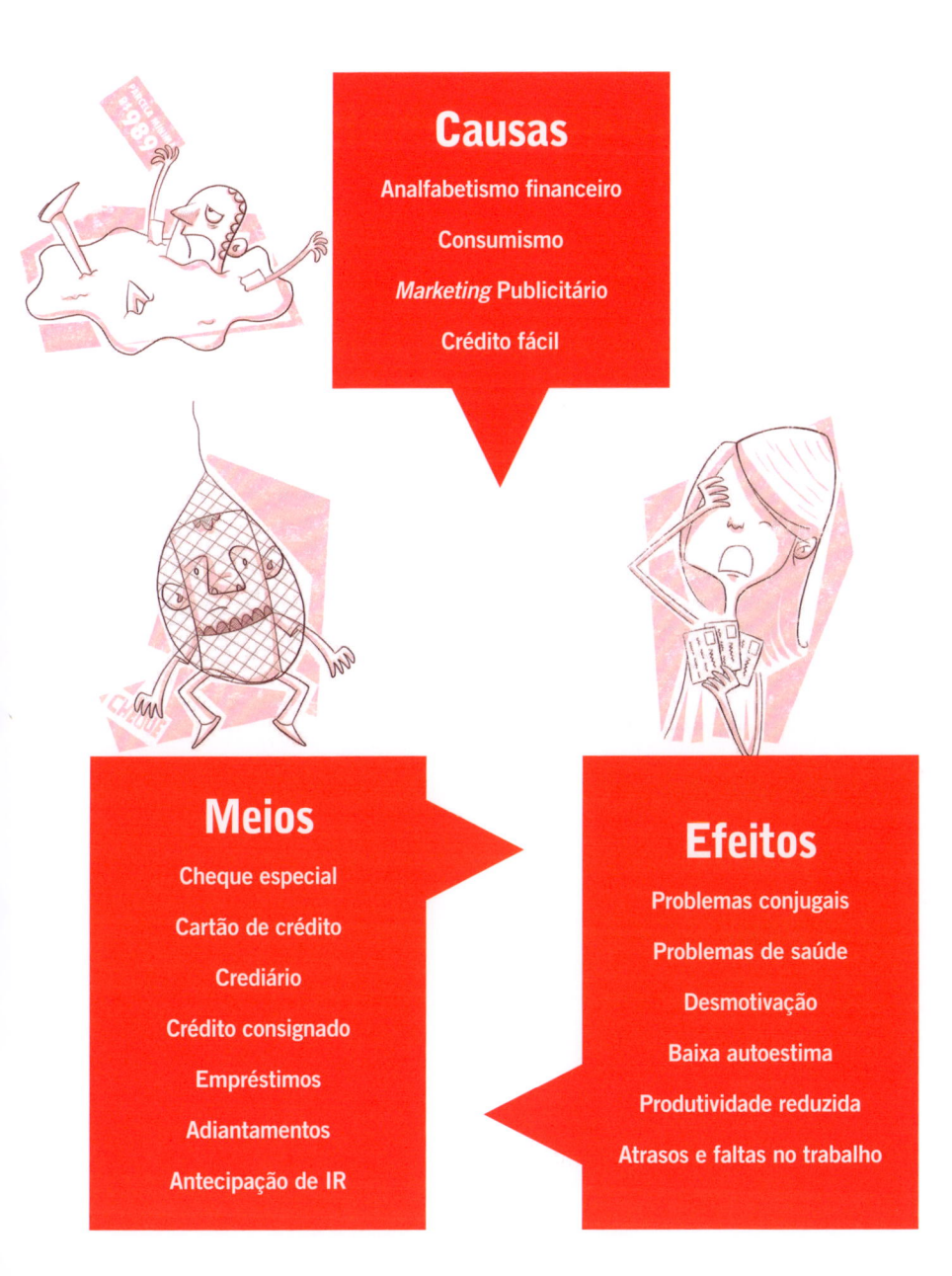

Causas
Analfabetismo financeiro
Consumismo
Marketing Publicitário
Crédito fácil

Meios
Cheque especial
Cartão de crédito
Crediário
Crédito consignado
Empréstimos
Adiantamentos
Antecipação de IR

Efeitos
Problemas conjugais
Problemas de saúde
Desmotivação
Baixa autoestima
Produtividade reduzida
Atrasos e faltas no trabalho

Conclusão

Somente uma visão plena do problema do endividamento, combatendo suas causas verdadeiras, e a disposição de atacá-lo desde a sua base, de forma ampla e integrada, é que podem trazer resultados consistentes e duradouros.

Tudo é uma questão de reunir coragem, força e informação para romper o ciclo, sair da roda-viva do endividamento e poder olhar para o problema de maneira distanciada para ter uma visão completa e assertiva.

O fato é que muitas vezes não conseguimos enxergar nossas dificuldades sozinhos. Precisamos de alguém de fora, que aponte para nós tanto o que está acontecendo no presente quanto a perspectiva de desdobramentos disso no futuro, por mais óbvia que a situação seja.

Estes foram meus objetivos ao longo deste livro: mostrar a você o poder destrutivo que o endividamento inconsciente pode ter na sua vida e apontar os cuidados que você tem de ter antes e depois de se endividar.

Procurei destacar o que são dívidas de valor e dívidas sem valor, para que você possa fazer melhores escolhas, e também propus caminhos alternativos e mais seguros para a realização dos seus sonhos, que não impliquem passar a vida inteira pagando dívidas.

Minha parte está feita. Mas a transformação verdadeira depende de você, da mudança dos seus hábitos e comportamentos em relação ao dinheiro, e está diretamente relacionada à sua capacidade de enxergar o dinheiro como meio, não como fim.

Daqui para a frente, utilize com coragem e disciplina os conhecimentos adquiridos neste livro. Dê uma volta completa em torno desse imenso problema, dimensione exatamente o tamanho do seu inimigo e use as armas corretas para tirá-lo do seu caminho.

CONCLUSÃO

Sua recompensa logo começará a aparecer. Muito mais breve do que você imagina, será possível olhar para a frente e enxergar um novo e amplo horizonte, rumo à estabilidade financeira, à paz de espírito e à realização plena dos seus sonhos.

Esteja certo de que, agindo da forma correta e respeitando o dinheiro, a prosperidade será o seu destino e os bons ventos da educação financeira soprarão sempre a seu favor!

Que Deus o abençoe nessa jornada!

Reinaldo Domingos

Conheça também:

Reinaldo Domingos
Terapia Financeira
REALIZE SEUS SONHOS
COM EDUCAÇÃO FINANCEIRA

MAIS DE 40.000 EXEMPLARES VENDIDOS

dsop

ISBN 978-85-63680-16-7
116 páginas

Instituto DSOP

Disseminar o conceito de educação financeira, contribuindo para a criação de uma nova geração de pessoas educadas e independentes financeiramente. A partir desse objetivo principal foi criado, em 2008, o Instituto DSOP de Educação Financeira.

Presidido pelo educador e terapeuta financeiro Reinaldo Domingos, o Instituto DSOP de Educação Financeira oferece uma série de produtos e serviços sob medida para pessoas, empresas e instituições de ensino interessadas em ampliar e consolidar o conhecimento sobre educação financeira.

São cursos, seminários, *workshops*, palestras, formação de educadores financeiros, capacitação de professores, pós--graduação em educação financeira e licenciamento da marca DSOP por meio de unidades da Escola DSOP de Educação Financeira. Cada um dos produtos foi desenvolvido para atender às diferentes necessidades dos diversos públicos de forma integrada e consistente.

Todo o conteúdo educacional disseminado pelo Instituto segue as diretrizes da Metodologia DSOP, concebida a partir de uma abordagem comportamental em relação ao tema finanças.

www.dsop.com.br

Conteúdos adicionais

No portal DSOP de Educação Financeira (**www.dsop.com.br**) você encontra todas as simulações, testes, apontamentos, orçamentos e planilhas eletrônicas.

Contatos do autor:

reinaldo.domingos@dsop.com.br

www.dsop.com.br

www.reinaldodomingos.com.br

www.twitter.com/reinaldodsop

www.twitter.com/institutodsop

www.facebook.com/reinaldodomingos

Fone: 55 11 3177-7800

Outras obras do autor

Terapia Financeira

O Menino do Dinheiro

O Menino e o Dinheiro

Coleção DSOP de Educação Financeira para o Ensino Básico: Ensino Infantil, Fundamental e Médio

Livre-se das Dívidas

www.dsop.com.br